O QUE VOCÊ SABE SOBRE A ÁFRICA?

Uma viagem pela história do continente e dos afro-brasileiros

3 **Prefácio**

4 **Introdução**

5 **Nota do revisor**

PARTE I
A África

8 **Cap. I**
Os primeiros humanos
● A evolução dos hominídeos até o surgimento do Homo Sapiens no coração da África

11 **Cap. II**
Dos clãs aos impérios
● Dos caçadores-coletores às primeiras civilizações ● O Antigo Egito ● Os reinos de Cuxe e Axum ● Cartago, a inimiga de Roma ● A chegada do Islã ● O Império do Mali ● O povo iorubá

23 **Cap. III**
A África se abre ao mundo
● A escravidão no Egito e no Oriente Médio ● A chegada dos portugueses ● Os africanos cruzam o Atlântico rumo ao Brasil ● Toussaint e a Revolução Haitiana ● O Império Axante, o Daomé e o Congo ● Os "cariocas" que conquistaram Angola

31 **Cap. IV**
Fim do tráfico de escravizados e colonização
● A campanha contra o comércio de gente ● Os primeiros movimentos nacionalistas ● Shaka e os zulus ● A revolução egípcia ● Etíopes contra os ingleses ● Uma rainha de Madagascar

37 **Cap. V**
Colonização e resistência
● Missionários e comerciantes ● As potências europeias repartem o continente ● A resistência dos africanos ● Como a Libéria e a Etiópia mantiveram a independência ● A Primeira Guerra Mundial

43 **Cap. VI**
A independência
● O pan-africanismo ● Movimentos de emancipação ● A independência da Argélia e do Egito ● A luta nas colônias portuguesas ● A resistência ao apartheid

48 **Cap. VII**
A África e o futuro

PARTE II
O Brasil africano

52 **Cap. I**
O tráfico de escravizados
● Chegam os primeiros africanos ● A origem e o destino dos escravizados ● A vida dos escravizados nos campos, nas minas e nas cidades

58 **Cap. II**
Luta contra o açoite
● Os negros se reúnem ● As fugas ● As rebeliões de escravizados ● Os quilombos ● Palmares, o reino negro ● A Revolta dos Malês ● A busca da alforria nos tribunais ● Últimos dias da escravidão: revoltas se espalham ● A conquista da liberdade

71 **Cap. III**
Novas lutas
● Tentativas de "branqueamento" ● Gobineau e a imperatriz ● De Canudos a favela ● As revoltas da Vacina e da Chibata ● O movimento negro e seus jornais ● Abdias do Nascimento e o teatro negro ● Redemocratização e luta contra o racismo ● A Lei Caó ● O ensino da história e da cultura africana se torna obrigatório

79 **Cap. IV**
A cultura africana
● Religiões de origem africana ● A capoeira ● A Pequena África ● Grandes mestres do samba ● Congadas e maracatus ● O Movimento Black ● Rap e hip-hop ● Blocos afros da Bahia ● África na mesa ● O negro na literatura ● Beleza negra

PREFÁCIO

Os africanos trouxeram para o Brasil os conhecimentos que adquiriram e as técnicas que desenvolveram ao longo dos séculos. De há muito, a África já conhecia a metalurgia do ferro. Chegou mesmo a adotar uma técnica que só seria desenvolvida na Europa do século XIX, o pré-aquecimento dos fornos, o que lhes permitia obter um ferro e também um aço de alta qualidade. O produto africano só apresentava uma desvantagem, derivada da pequena dimensão de seus fornos: suas barras não eram grandes. Ao serem levados para Minas Gerais e conhecerem sua riqueza em minério, os africanos reproduziram os fornos que usavam na África e deram início, no Brasil, à produção de utensílios de ferro, revelando-se pioneiros.

Outra área em que foram mestres: a mineração do ouro. Antes que esse metal fosse descoberto nas Américas, era da África (sobretudo das regiões de Bambuk, Bure, Lobi e dos planaltos de Zimbábue) que a Europa e o mundo islâmico obtinham o ouro com que cunhavam suas moedas. Os africanos sabiam as técnicas de obtenção do ouro e as difundiram no Brasil, como batear os rios e cavar minas com galerias subterrâneas, tal qual se fazia havia séculos na África.

Os africanos recém-chegados adotaram prontamente as práticas de agricultura dos ameríndios e dominaram, por exemplo, o processo de produção da farinha de mandioca. Eles transmitiram o que sabiam sobre os cultivos nos trópicos e propagaram o gosto por plantas trazidas da África, como o quiabo, o inhame, o dendê, a malagueta, o maxixe, certos tipos de banana, o coco, o tamarindo e a melancia, além de difundirem o cultivo do arroz e seu uso como prato diário.

Na pecuária a presença do africano mostrou-se fundamental, pois eles continuaram no Brasil a prática, estranha a Portugal, mas comum entre muitos povos africanos, de criar gado em grandes espaços abertos e de viajar incessantemente em busca de melhores pastos. Foram os vaqueiros negros, a conduzir rebanhos por longas distâncias, os primeiros desbravadores de grande parte dos sertões brasileiros e os responsáveis pela expansão de nossas fronteiras.

Ao encontrar um local de boas águas e de bons pastos, os africanos erguiam casas como as de suas terras de origem, e delas descende a casa típica do trabalhador rural brasileiro, ainda hoje construída à africana, com paredes de taipa de sopapo ou pau a pique. Embora muitos dos escravizados conhecessem formas mais requintadas de arquitetura do que a casa de base retangular e cobertura de duas águas, erguer um prédio de dois andares, como faziam os hauçás, com teto em abóboda e a fachada coberta de arabescos, pedia patrocínio e tempo — tempo que no Brasil não pertencia ao africano, mas ao seu senhor. Era o senhor quem determinava o que o escravizado devia fazer: casarões e igrejas de adobe e pedra, seguindo os modelos europeus. Não era, porém, incomum que nessas construções se imiscuíssem traços africanos, como os grandes alpendres ao redor das casas ou de parte delas.

Na maioria dos setores, os saberes africanos se misturaram de tal modo aos ameríndios e aos europeus que não se sabe onde termina um e começa outro. Na ourivesaria, por exemplo, somaram-se e confundiram-se as tradições ibéricas e as de povos como os axantes, cujos braceletes, anéis, peitorais e castões de chapa de ouro e de filigrana se prolongam, aportuguesados, nas joias de prata da Bahia.

No entanto, muito dos fazeres que os africanos dominavam não atravessou o Atlântico, no passado, ou, se o fez, aqui foi esquecido ou se perdeu. É possível que jamais tenha sido vendido ao Brasil um só membro das confrarias de escultores que fundiam e fundem as placas de bronze no reino do Benim. Não herdamos a maestria com que, desde o século XV, naquele reino, e desde o século XI, em Igbo-Ukwu e em Ifé, se criaram, em cobre, bronze e latão, esculturas que figuram entre as obras-primas da invenção humana. Também não recebemos escultores de madeira, como os lubas e quiocos que produzem artes que nos enchem os olhos de beleza. Entre alguns povos, esses artistas — e os grandes músicos e poetas — não podiam ser escravizados, e, quando se consentia que o fossem, é de crer-se que permanecessem na África, como cativos de um rei ou de um chefe.

Apesar das crueldades e humilhações que sofreram, os africanos escravizados foram, com seus conhecimentos e criatividade, formadores do Brasil e dos brasileiros. Confirmamos tamanha influência ao observar que a África está conosco desde a infância — nas histórias, cantigas, brincadeiras e até mesmo nos bichos-papões e outros medos — e persiste, durante toda a vida, não só na maneira como atuamos em casa e na rua, mas também nas nossas crenças, valores e afetos.

Alberto da Costa e Silva
Autor de *A enxada e a lança: A África antes dos portugueses*;
de *A manilha e o libambo: A África e a escravidão, de 1500 a 1700*;
de *Um rio chamado Atlântico*; e de *A África explicada aos meus filhos*

INTRODUÇÃO

As políticas públicas curriculares estabelecidas pela Lei 10.639/2003 e Lei 11.645/2008, ao determinar a obrigatoriedade do ensino de história e cultura da África, dos afro-brasileiros, bem como dos povos indígenas, nos põem diante de desafios de ordem cultural, política e, certamente, pedagógica.

A história de cada povo, de cada grupo étnico-racial, está ligada à da humanidade. Assim, para estudar seriamente a história da África e dos afro-brasileiros, há que se partir da contundente pergunta e constantemente retomá-la: que contribuições a história da África, dos africanos escravizados e dos afro-brasileiros têm trazido para a humanidade?

A história da África e a dos afro-brasileiros não devem ser escritas e estudadas em perspectiva eurocêntrica, assim como a sabedoria enraizada na experiência de ser africano ou africana na diáspora, como o são originalmente os negros brasileiros, não tem como ser apreendida e compreendida separadamente das histórias e culturas dos povos africanos.

O tráfico de escravizados foi ato violentíssimo, com a finalidade de submeter corpos e tentar transformá-los em meros instrumentos de trabalho, acreditando-se que, assim, histórias e culturas seriam apagadas. Não sabiam os escravizadores que na cultura e na história dos africanos estava guardada a semente da libertação — libertação do escravismo, racismo, discriminações, desigualdades e falta de respeito. A história e a cultura dos escravizados e de seus descendentes têm sido, no Brasil, através dos séculos, base para as lutas por reconhecimento dos direitos de cidadãs e cidadãos negros.

É necessário sublinhar que, ao lutarem contra o racismo e as decorrentes desigualdades, os negros, descendentes dos africanos escravizados, também abriram e continuam abrindo oportunidades para que os descendentes dos escravizadores tenham iniciativas que visem reconstruir uma sociedade livre das exclusões e preconceitos que seus antepassados cultivaram. Eles não são responsáveis pelo que fizeram seus antepassados, mas têm que, como cidadãos, combater racismos e decorrentes desigualdades[1]. Se não o fizerem por solidariedade, que o façam por justiça, pois muitos deles usufruem de bens materiais que obtiveram com a exploração do trabalho dos escravizados e de seus descendentes.

Escravizados e escravizadores participaram da história própria dos seus povos e também de uma história forçadamente comum. Temos que conhecê-las para que desumanidades como o tráfico, a escravidão e o colonialismo não se repitam e para construir uma sociedade equânime, em que todas as pessoas se respeitem e valorizem as diferenças e especificidades das distintas histórias e culturas. Temos que conhecê-las para descolonizar pensamentos, comportamentos, ideias, pedagogias e políticas.

A obra que temos em mãos faz significativo esforço no sentido de contribuir para a construção de diálogos que permitam a reeducação das relações étnico-raciais[2] em nosso país, bem com a construção da igualdade racial[3]. Como toda obra humana, *O que você Sabe sobre a África?* não está completa. Caberá aos leitores — professores, estudantes, militantes do Movimento Negro... — seguir, num gesto de respeito ao esforço que fez o autor e o revisor da obra, criticando-a, complementando-a e redimensionando seus dados, informações e reflexões.

Petronilha Beatriz Gonçalves e Silva
Professora Emérita da Universidade Federal de São Carlos (UFSCar), Professora Sênior junto ao departamento de Teorias e Práticas Pedagógicas da UFSCar, Pesquisadora do NEAB/UFSCar. WanadooWayo (conselheira), junto ao conselho do Chefe do Povo Songhoy, do Mali, Prof. Dr. Hassimi O. Maig

---

[1] Ver Parecer CNE/CP 3/2004.
[2] Examinar atentamente e envidar esforços para implantar o previsto em: CONSELHO Nacional de Educação. Parecer CNE/CP 3/2004 - *Diretrizes curriculares Nacionais para Educação das Relações Étnico-Raciais e para o Ensino de História e cultura Afro-Brasileira e Africana*. Brasília, 2004.
_____. Resolução CNE/CP 1/2004. *Diretrizes curriculares Nacionais para Educação das Relações Étnico-Raciais e para o Ensino de História e cultura Afro-Brasileira e Africana*. Brasília, 2004.
[3] PRESIDÊNCIA da República. Lei 12.288/2010. *Estatuto da Igualdade Racial*. Brasília, 2010.

Desde a publicação da Lei Federal 10.639/2003, uma inovação sem precedentes vem acontecendo no Brasil e impõe um grande desafio: o de retirar dos subterrâneos da História as vivências e experiências dos africanos e afrodescendentes, até então mantidas na invisibilidade, como se não tivessem acontecido ou fossem de pouca monta. O que fica patente é que a inclusão das trajetórias e memórias dos povos negros contribui decisivamente para nos fornecer uma visão mais justa e completa do passado, revelando-nos o que realmente somos: uma sociedade multiétnica e multirracial.

Esta ampliação da consciência histórica depende do apoio de materiais adequados que revelem os vazios deixados pela disciplina escolar de História feita em moldes eurocêntricos e senhoriais. Algo já foi feito, e uma das contribuições nesse sentido é a tradução e disponibilização da coleção História Geral da África.

O acesso aos materiais de consulta e pesquisa constitui passo fundamental para a capacitação dos educadores, mas tão importante quanto é a existência de referências de consulta direcionadas aos estudantes. É este o passo que esta obra procura dar ao propor a conexão identitária profunda entre a África e o Brasil africano, em narrativa vibrante e abordagem abrangente. Ainda que a concisão e o didatismo tenham simplificado conceitos, contextos e processos complexos, esse é o preço a pagar pela ousadia de tentar transpor o conhecimento acumulado pelos pesquisadores, restrito por vezes ao círculo acadêmico, para uma linguagem atraente ao grande público. Seu principal mérito é o de apontar caminhos para o conhecimento da História da África, dos africanos e afrodescendentes, convidando-nos a trilhá-los orientados por estudo e pesquisa feitos a partir do ponto de vista dos subalternos.

José Rivair Macedo
Revisor técnico deste livro, docente da UFRGS
e coordenador do Núcleo de Estudos
Afro-Brasileiros, Indígenas e Africanos

CAPÍTULO I
Os primeiros humanos

No século XIX, a maior parte dos países africanos foi conquistada e ocupada pelas potências europeias. Enquanto isso, no Brasil e no restante da América, os povos indígenas pareciam definitivamente subjugados. Diante dessa realidade, a ideia de uma superioridade europeia ganhou força e foi espalhada pelas escolas e outras instituições do regime colonial por todas as partes. É o chamado eurocentrismo, uma forma de contar a história que coloca a Europa no centro de todos os acontecimentos.

O problema é que essa concepção, apesar de todos os avanços, ainda hoje predomina nas salas de aula, e nega aos negros e índios uma história. Os índios brasileiros têm uma história de milênios, assim como a África tem uma história — e mais antiga que a europeia.

A história da África vem de muitas fontes escritas, mas é a tradição oral o melhor caminho para compreender o continente. Porque mesmo onde não há a escrita, existe a fala. E, na ausência da escrita, a palavra ganha força. Na África, os conhecimentos adquiridos, as histórias que contêm a essência dos povos, são cuidadosamente passados de geração a geração. Os grandes depositários desse conhecimento, na África, são chamados *doma*. São os "conhecedores". Os colonizadores europeus perseguiram os *domas*, porque a palavra tem poder. No entanto, eles ainda vivem pelo continente para contar a história de seus povos e de seus antepassados. E uma dessas histórias é a do primeiro homem da Terra, que nasceu no solo africano.

A ÁFRICA É SOMENTE UMA SELVA?

A África é um continente de farta riqueza mineral. Isso, ao longo da História, foi uma bênção e um problema, já que conquistadores e capitalistas foram atraídos — e ainda são — por essa riqueza. O comércio de produtos, como o sal do deserto do Saara e o ferro, propiciou encontros importantes entre diferentes povos africanos. Foi com um mineral (mais exatamente, o laterito) que os africanos começaram, muito tempo atrás, a fabricar ferramentas e armas para a caçada.

Os africanos caçavam, como ainda hoje, sobretudo, nas pradarias. Esse é o principal bioma da África, não é a selva. As pradarias são campos de vegetação rasteira e cobrem 50% do continente. O deserto vem em seguida, com 30%. As florestas ocupam menos de 20% do território.

> Pessoa que vive da renda de um capital; sua principal condição ou atividade econômica é o investimento lucrativo de um recurso, especialmente financeiro

O QUE EXISTIA ANTES DO HOMEM?

Se você chegasse à África de 30 milhões de anos atrás, veria que não existia o homem como o conhecemos hoje — ou seja, um ser que se move sobre os pés de forma ereta, tem os dentes caninos pequenos, pensa e tem a capacidade de aprender, entre outras características. O que havia, no nordeste do continente, eram bandos de pequenos primatas por todos os lados: *Cercopithecidae, Pongidae, Hominidae...*

Pulando pouco mais de 20 milhões de anos, ou seja, há uns 7 milhões de anos, encontramos o simpático australopiteco. Ele já tem as mãos semelhantes às nossas — com unhas chatas,

> Ordem dos mamíferos que inclui o homem, os macacos e os lêmures

A pradaria é o principal bioma da África

CRESTOCK

não mais garras. Os pés se firmam bem no chão, permitindo uma postura ereta. Mede cerca de 1 metro e tem uns 40 quilos. Usa paus e pedras como ferramentas, mas não sabe como modificá-los. Ele deixou de ser vegetariano para tornar-se onívoro — ou seja, come igualmente carnes e vegetais. Os cientistas o classificam como um hominídeo (uma das famílias dos primatas, da qual o *Homo sapiens* é o único representante atual).

Há 2,5 milhões de anos, começam a aparecer os primeiros artefatos, são pedras batidas até se tornarem pontas de lanças. Até mesmo uma espécie de habitação de 2 milhões de anos de idade foi encontrada por um arqueólogo na Tanzânia. O australopiteco estava evoluindo.

O NOSSO ANTEPASSADO DISTANTE

Então, no meio dos australopitecos, um grupo cujo cérebro vinha crescendo de tamanho havia algumas gerações começou a fabricar instrumentos de pedra e de osso. Esses hominídeos aprenderam a construir cabanas e organizaram um modelo de vida em pequenos grupos. Mais do que isso: eles adquiriram a capacidade de ensinar e aprender habilidades. Era o *Homo Faber*, o primeiro exemplar do gênero *Homo*. Ele surgiu no leste da África por volta de 3 milhões de anos atrás. Ainda levaria, no mínimo, mais uns 2 milhõezinhos de anos até chegarmos ao *Homo sapiens sapiens* — ou seja, a nossa espécie, que sairia da África para conquistar todo o planeta.

Hoje, já somos mais de 7 bilhões de *Homo sapiens sapiens*. Em 2050, poderemos chegar a 10 bilhões. Independentemente da cor da nossa pele, todos nós descendemos daqueles primeiros africanos. Cada um de nós carrega a grande herança que eles nos legaram: a capacidade de aprender e ensinar.

Crianças numa escola em Gana. A África foi o berço da humanidade

Os egípcios construíram canais de irrigação para controlar as águas do rio Nilo e garantir boas colheitas

CAPÍTULO II

Dos clãs aos impérios

Por volta de 10.000 a.C., a África era habitada por povos caçadores-coletores. Eles colhiam na natureza certas plantas, caçavam o que podiam, e assim iam garantindo a subsistência dos pequenos grupos. Apesar de esse modo de vida ainda persistir entre certos grupos no interior do continente, aos poucos, os coletores foram conhecendo melhor algumas plantas e acabaram percebendo que elas poderiam ser domesticadas e reproduzidas. Nasciam a agricultura africana e um período da história conhecido como Neolítico.

Nesse período, o Saara estava se tornando o deserto seco que conhecemos hoje em dia. Os africanos que viviam na orla das florestas aprenderam a cultivar alimentos como o **sorgo** e o arroz.

Quinto cereal mais consumido no mundo, é usado para fazer pães e cuscuz na África e na Ásia. No Brasil, só é usado para a alimentação animal

Os grandes rios e lagos do interior do continente forneciam os peixes, e os homens aprenderam a pescá-los, assim como desenvolveram técnicas para criar animais que garantiriam a alimentação em tempos de pouca caçada.

COMO SURGIU A CIVILIZAÇÃO NA ÁFRICA?

Dedicando-se a plantar e a pescar a sua comida, os humanos passam a se fixar numa única região, em vez de se deslocar de tempos em tempos. Com mais alimentos disponíveis, a população aumenta. As ferramentas se multiplicam. Além da enxada, um arado primitivo começa a ser usado em lugares como a Etiópia. Com o barro, o homem aprende a fazer potes e jarros de cerâmica.

Uma região em particular se destaca: o vale do rio Nilo. Seus habitantes tinham relações com os sumérios, moradores da Mesopotâmia. Na Suméria, os homens também estavam se organizando para criar uma civilização complexa, em que cada pessoa cumpria um papel. E o rio Nilo oferecia condições naturais extraordinárias para isso. Por volta de 7.000 a.C., a população dedicada à agricultura no vale começou a crescer. Para organizar as colheitas, foi necessário, por volta de 4.000 a.C., estabelecer uma divisão de tarefas e desenvolver o uso da escrita. Assim, nasceu a civilização egípcia.

O historiador grego Heródoto chamou o Egito de "dádiva do Nilo", mas a civilização egípcia foi uma criação do homem. A parte do Nilo foi a de entrar com suas águas e seu regime de secas e enchentes periódicas. Para tirar proveito disso, era preciso muita técnica. Os egípcios construíram um sistema de diques, canais e "bacias" cuja operação era bem complexa. Com isso, o país foi conquistando mais terras para a agricultura. Para dar conta do trabalho – a cevada e o trigo eram as plantações principais –, a sociedade se sofisticou. Surgiu assim o Egito dos faraós.

OS FARAÓS ERAM NEGROS?

A população do Egito foi um produto da miscigenação, assim como a brasileira. Os egípcios, porém, eram, quase em sua totalidade, negros, inclusive faraós como Quéops, o construtor da Grande Pirâmide. Existem negros e negras de cabelos lisos, representados na África pelos núbios, e os de cabelos crespos, das regiões equatoriais. Os dois tipos entraram na composição da população egípcia.

Quando, por volta de 3.200 a.C., Menés (ou Narmer), soberano do Alto Egito, sujeitou o rei do Baixo Egito, fundou a primeira das 30 dinastias. Surgia o faraó. Mais tarde, ele passaria a ser considerado um deus, com a missão de reinar sobre os homens. Essa divinização facilitou o domínio sobre os dois territórios, porque o faraó não era nem do Alto, nem do Baixo Egito;

Os faraós, como Quéfren, eram considerados semideuses no Egito Antigo

As pirâmides de Gizé: túmulos dos faraós, construídos com engenharia de alto nível

era um deus. Pelos séculos seguintes, os faraós se sucederam, até por volta de 700 a.C., quando o país se dividiu em contendas internas, abrindo caminho para invasões de inimigos.

COMO FORAM CONSTRUÍDAS AS PIRÂMIDES?

O controle das águas das enchentes permitia só uma colheita anual. Isso liberava os trabalhadores para as enormes construções reais e religiosas. O deserto fornecia o ouro e a turquesa para a joalheria e as esculturas. A indústria era imbatível na produção de tecidos, de vidro e de papiro (o papel da Antiguidade). Engenheiros eram capazes de organizar o transporte de imensos blocos extremamente bem talhados e polidos por grandes distâncias — com a força dos trabalhadores escravizados, claro!

Foi a soma de tantas habilidades que gerou os grandes monumentos egípcios, como as pirâmides. Dentro delas, os faraós eram sepultados, depois de mumificados. A Grande Pirâmide de Gizé é uma das Sete Maravilhas do Mundo Antigo. Construída por volta de 2550 a.C. para ser a morada eterna do rei Quéops, ela foi recoberta com pedra polida, que a fazia brilhar ao sol.

O Egito caiu, em 332 a.C., nas mãos de Alexandre, o Grande, general macedônio que já conquistara a Pérsia. Seus sucessores (os Ptolomeus) governaram o país por 300 anos e fundaram Alexandria, com seu farol e sua biblioteca, capital intelectual do Ocidente naquela época. Após a queda da última rainha da dinastia, Cleópatra, foi a vez dos romanos e do Império Bizantino e, em 642, dos árabes. Mas essa história vamos ver mais à frente.

A beleza de Cleópatra

A lendária rainha Cleópatra seduziu os poderosos generais romanos Júlio César e Marco Antônio. O primeiro ajudou-a a derrotar o irmão Ptolomeu numa guerra civil pelo controle da coroa egípcia. O segundo abandonou a mulher — irmã de seu rival, Otávio — e teve três filhos com ela. No entanto, uma moeda com as efígies de Marco Antônio e Cleópatra exibida por um museu inglês mostra a rainha com nariz grande e queixo comprido, diferente do que vemos nos filmes. Isso combina com a descrição do historiador Plutarco. Cleópatra tinha mais atributos: era espirituosa, culta e muita habilidosa.

A NÚBIA DAS SENHORAS DE CUXE

Ao sul do Egito, onde hoje chamamos de Sudão, por volta de 4.000 a.C., uma civilização servia de elo entre a África tecnologicamente menos desenvolvida do continente e o Antigo Egito. Era a Núbia. Os núbios eram negros altos, seminômades e exímios artesãos de objetos de cerâmica. Eles comerciaram por séculos com o Egito. Enviavam ébano, marfim, incenso, gado, leopardos, enxota-moscas feitos de rabo de girafa e cereais, e recebiam objetos de cobre. Por volta de 2.000 a.C., os núbios se uniram no Reino de Cuxe. Em torno de 1.500 a.C., a Núbia foi ocupada pelo vizinho poderoso do norte, que passou a controlar os chefes nativos. Eles eram educados no Egito e se mantinham leais aos ocupantes.

No século VIII a.C., no entanto, um rei de Cuxe, Peye, submete o Egito, que estava em crise, com o poder dividido entre vários soberanos locais. A união dos dois reinos deu origem a uma superpotência africana. Na história egípcia, esse período é chamado de "dinastia etíope" ou, o que é mais certo, "dinastia núbia", que durou pouco tempo. Em 664 a.C., depois de muita resistência a invasores assírios, vindos da Ásia, o faraó Taharqa teve de recuar para a Núbia, onde morreu e foi enterrado numa pirâmide com milhares de estatuetas funerárias.

Em 591 a.C., os egípcios invadiram Cuxe e conquistaram a capital, Napata. Isso obrigou os núbios a levar sua capital mais para o sul, em Meroé. Em 170 a.C., a rainha Shanakdakhete passou a governar sem um rei, dando início a um interessante período de **matriarcado** nessa civilização. Durante toda a história de Cuxe, no entanto, as mulheres ocuparam papel de destaque na realeza.

> Forma de organização social em que predomina a autoridade materna ou feminina

Do século VIII a.C. até IV d.C., a Núbia tinha mantido uma estabilidade política difícil de ser conseguida. Acredita-se que isso vinha, entre outros fatores, do poder moderador da rainha-mãe, chamada Senhora de Cuxe, ou Candace. Ela tinha papel central na eleição e coroação dos reis. O poder entre os núbios não era hereditário, partindo do primogênito em diante, como em quase todas as monarquias.

Cuxe: um império que durou mais de mil anos e no qual mulheres dividiam poder com os homens

Os soberanos eram escolhidos entre os muitos "irmãos reais". Uma eleição, da qual participavam chefes militares, altos funcionários e líderes de clãs, escolhia o novo soberano, que, então, se tornava "filho adotivo" de diversas divindades.

Cuxe, cuja capital era então Meroé, caiu com a invasão de Axum, por volta de 350. Depois disso, a Núbia aos poucos se tornou cristã. O reino nobata, que dominara o território, se converteu oficialmente em 543, depois que a imperatriz de Bizâncio, Teodora, enviou ao país o padre Juliano, que batizou o casal real. Nessa época, o Egito também já era cristão. A partir daí, o reino entra em fase de grande desenvolvimento, movido pelo comércio, em especial com a Ásia.

AXUM DO OURO E DOS ELEFANTES

No norte da atual Etiópia, outro reino importante teve a duração de mil anos a partir do primeiro século da era cristã. Seus habitantes viviam da agricultura e da pecuária, mas produziam também objetos de ouro, ferro e bronze. Era o reino de Axum.

Os etíopes de Axum exerceram o controle do comércio numa vasta região, após a decadência da Núbia. Cunhavam moedas de bronze, que sempre levavam o busto do rei, e desenvolveram um alfabeto próprio, usado ainda hoje. As cidades do reino contavam com grandes prédios retangulares e eram populosas.

Em 270, a fama de Axum tinha chegado à Pérsia, onde o profeta Mani descreveu o reino africano como um dos quatro maiores do mundo. No século IV, seus domínios incluíam a Núbia e toda a parte sul da Arábia. Naquele tempo, a economia já estava bem desenvolvida. Além da criação de bois, cabras e mulas, os axumitas caçavam e domesticavam elefantes, de uso exclusivo da corte real, e plantavam uvas. Também desenvolveram a cultura de um vegetal que teria grande importância para o Brasil: o café.

Mas a força principal de Axum era o comércio. Os etíopes vendiam seus produtos até para a Índia. Os barcos saíam da cidade de Adúlis, localizada na atual Eritreia (país de onde partiram, em 2014, mais de 30 mil refugiados). As cargas eram compostas por mercadorias como tartarugas, mármore e chifres de rinocerontes. E havia outra, mais sinistra: os prisioneiros de guerra escravizados. Estes eram sempre muito procurados por mercadores estrangeiros.

Cartago: cidade africana que era a mais rica do mundo, até ser destruída por Roma

No século IV, Axum se cristianizou. Segundo a tradição, por obra de São Frumêncio. O religioso aportou em Adúlis num navio atacado por piratas. Ele sobreviveu ao ataque e foi levado ao castelo do rei de Axum, que tomou o rapaz para seu serviço. Mais tarde, confiaria a ele a educação dos filhos. Um deles, Ezana, tornou-se rei. Frumêncio o converteu ao cristianismo. A ideia deve ter parecido boa, porque Axum tinha boa relação com Bizâncio, a grande potência da época e capital de uma das vertentes da religião.

DELENDA CARTAGO!

Em 814 a.C., os fenícios chegaram à costa do Magrebe. Ali fundaram (onde hoje é a Tunísia) a cidade de Cartago, que, no século VI a.C., dominava um grande império no norte da África. Com um exército de mercenários que afundava qualquer barco intruso, as famílias cartaginesas enriqueciam com as compras de ouro, prata e estanho das tribos do interior e a revenda desses produtos para outras potências do Mediterrâneo. Logo, a cidade seria considerada a mais rica do mundo.

O Magrebe é a região noroeste da África, incluindo Marrocos, Saara Ocidental, Argélia e Tunísia. Mauritânia e Líbia também são parte do Grande Magrebe

Protegida por muralhas que resistiram a dezenas de ataques por séculos e com um porto capaz de abrigar ao mesmo tempo navios mercantes e 220 navios de guerra, a cidade prosperou, sob os favores do deus Baal-Hamon, que exigia sacrifícios humanos. Cartago chegou a contar com meio milhão de habitantes e sua época áurea durou até o momento em que a cidade bateu de frente com uma nova potência: Roma.

A partir do século IV a.C., Roma inicia uma ascensão fulminante e não poderia deixar que outra potência tivesse o domínio dos mares mediterrâneos. Nos 200 anos seguintes, as Guerras Púnicas (sucessão de combates entre romanos e cartagineses) se espalharam pelo mar Mediterrâneo, em territórios africa-

O general Aníbal levou seus elefantes de guerra da África até as portas de Roma

Aníbal e os elefantes

Os dois maiores generais da época se enfrentaram nas Guerras Púnicas: o romano Cipião Africano e o cartaginês Aníbal. Este último foi autor de uma façanha épica: atravessou os Alpes, cordilheira que separa a França da Itália, com seu exército, que contava com um reforço especial: elefantes africanos.

Aníbal queria marchar para Roma e desembarcou suas tropas na Espanha. Depois de ter cruzado o sul da Gália, enfrentou a cordilheira. Eram 80 mil homens, 10 mil cavalos e 40 elefantes de guerra.

O frio, a falta de alimento e ataques de grupos locais, no entanto, assolaram os soldados. O exército cartaginês chegou à Itália exausto e com metade de seu contingente. Os elefantes não suportaram o frio e morreram na travessia. Conta-se que o único sobrevivente foi utilizado como montaria por Aníbal durante suas vitórias nas batalhas de Ticino e Trébia. Aníbal não atacou Roma; foi obrigado a voltar para defender Cartago, mas a travessia dos Alpes é considerada uma das maiores ações estratégicas e militares de toda a Antiguidade.

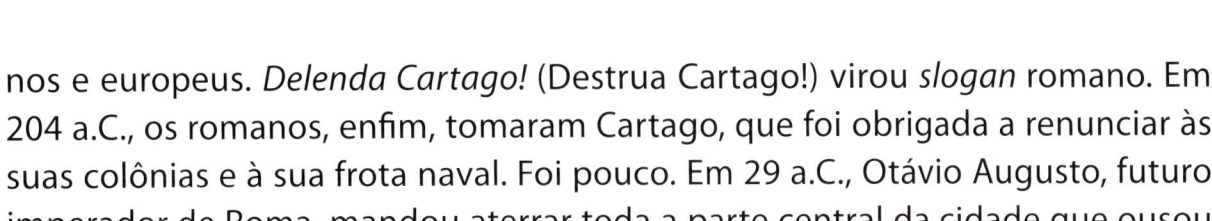

nos e europeus. *Delenda Cartago!* (Destrua Cartago!) virou *slogan* romano. Em 204 a.C., os romanos, enfim, tomaram Cartago, que foi obrigada a renunciar às suas colônias e à sua frota naval. Foi pouco. Em 29 a.C., Otávio Augusto, futuro imperador de Roma, mandou aterrar toda a parte central da cidade que ousou desafiar o Império.

SAEM OS ROMANOS, CHEGA O ISLÃ

Os romanos ficaram no norte da África até o século V. Por ali também estiveram os vândalos, uma tribo bárbara que não tinha muito o que fazer no continente. No Saara, o camelo tinha sido introduzido, facilitando o transporte e o comércio. Mais ao sul, cidades portuárias surgiam na costa oriental e no interior, com grupos em diferentes fases de desenvolvimento. Os pigmeus já ocupavam a bacia do Congo, onde ainda estão, em número reduzido. Caracterizados pela baixa estatura (em torno de 1,5 metro), eles seguem sobrevivendo como caçadores-coletores, o estilo de vida seguido naquele momento pelos africanos meridionais, que se alimentavam de animais, como tartarugas, toupeiras e coelhos.

Em 610, tem início uma "tempestade" que vai mudar a vida dos povos da África, da Ásia e da Europa. Ao meditar nas montanhas em torno da cidade de Meca, um mercador chamado Maomé recebe, segundo afirmaria depois, a visita do arcanjo Gabriel, que lhe faz revelações. Três anos depois, ele começaria a pregar em público o que aprendera, fundando o islamismo. Segundo a tradição islâmica, também chamada de muçulmana, muitos dos primeiros seguidores de Maomé eram escravizados, entre eles alguns africanos. O mais célebre foi Bilal Ibn Rabah, o primeiro muezim. A nova religião, a partir da península Arábica, expande os seus domínios sem parar.

Meridional é tudo o que está ao sul

O muezim é o encarregado de subir ao minarete (a torre da mesquita — o templo islamita) e fazer o adhan, a chamada melodiosa para a oração

A capacidade da nova religião de se adaptar aos locais em que chegava a fez se espalhar da Índia até a África Ocidental. Na África, ao longo de cinco séculos, praticamente todos os países do norte do continente e da costa oriental adotaram a nova religião e se integraram ao mundo muçulmano, o que não mudou muito até os dias de hoje.

A mudança não foi apenas política, mas de concepção do mundo. O Islã traz um conjunto de regras detalhadas para as mais diferentes circunstâncias da vida, nos planos privado e público. O Profeta, como Maomé é conhecido, recomendou formas de governo para seus sucessores. Após a morte dele, os califas (líderes) foram eleitos. Mas uma divergência surgiu durante o reinado do terceiro califa e os muçulmanos acabaram se dividindo entre xiitas e sunitas. Os xiitas, hoje, são 10% dos muçulmanos e se concentram sobretudo no Irã. Os sunitas são 90% e representam a maioria em todos os países africanos.

O Egito foi o primeiro país africano conquistado pelos árabes. Os cristãos os acolheram bem, porque estavam cansados dos bizantinos. De lá, os árabes se espalharam, em acordos com os chefes locais. A mensagem clara do Islã seduzia os **berberes**, e os pacíficos comerciantes árabes eram bem aceitos nas comunidades.

Moradores do Magrebe. Na época, muitos eram membros de tribos nômades

Em outra parte do continente, os iorubás e os edos, que já viviam a algumas dezenas de quilômetros da costa ocidental havia séculos, ergueram cidades como Ifé, no século VII, e Benim, no XIII. Eram cidades fortificadas, com habitantes que usavam armas de ferro e ferramentas que lhes permitiam extrair a riqueza da floresta em volta. Ao sul, os bantos moravam em aldeias onde, ao centro, havia o pátio dos homens e, em volta, as cabanas das mulheres. E dedicavam-se à criação de bois, cabras e ovelhas. Os descendentes dos bantos e iorubás chegariam ao Brasil alguns séculos mais tarde.

O PODEROSO IMPÉRIO DO MALI

Depois de ter derrotado o rei do povo sosso, Sumaoro Kantê, na batalha de Kirina, o jovem soberano Sundiata Keita estabeleceu, no noroeste da África, por volta de 1235, o mais importante império do continente naquele período: o Mali. O *mansa* (rei) instalou sua corte na cidade de Niani, de onde partiam duas

Maomé foi o fundador do islamismo, que se espalhou pela África a partir do século VII

Mansa Musa, o mais rico dos homens

Considerado por economistas contemporâneos o homem mais rico da história, com uma fortuna avaliada em 310 bilhões de euros na época de sua morte, por volta de 1337, Kanku Musa governou o poderoso Império Mali a partir de 1307. Musa usava a religião muçulmana como um traço de união entre as diferentes populações sob seu domínio. Com gosto pela ostentação, demonstrava sua riqueza através de doações e construções de diversas mesquitas e centros de estudos islâmicos, o que tornou Tombuctu um dos principais centros dessa religião.

O *mansa* assombrou o mundo ao fazer uma peregrinação a Meca, a cidade sagrada do islamismo, em 1324. Segundo relatos, *mansa* Musa teria viajado escoltado por um grupo de 60 mil seguidores e 500 servidores com vestimentas e bengalas de ouro. Há relatos de que 80 camelos transportavam, cada um, 135 quilos de ouro. Durante a viagem, Musa fez a cotação do ouro cair, tal a fartura de suas doações para construções de mesquitas.

Quando Musa voltou da peregrinação, havia estabelecido novas rotas comerciais e trazia acadêmicos árabes, que criaram uma universidade em Tombuctu.

BIBLIOTHEQUE NACIONALE DE FRANCE

rotas: uma para o norte e outra para o nordeste, a Rota das Caravanas. No centro de uma região rica em ferro e ouro, Niani logo atraiu mercadores árabes e africanos.

Em seu apogeu, durante os reinados dos multimilionários *mansas* Musa I e Sulaiman, estima-se que no Mali vivessem de 40 milhões a 50 milhões de pessoas, de várias etnias. O comércio, no Saara, de produtos como o sal, se intensificou. Na costa, pastores nômades ampliaram seus rebanhos. O imperador presidia julgamentos públicos, enquanto os *griots* (encarregados de guardar e recontar as histórias de seus povos) assistiam a tudo. As aldeias se uniam sob chefes de províncias que respondiam ao *mansa* e a seu conselho. Uma polícia eficaz e um exército forte garantiam a estabilidade.

Apesar de ser lembrado pela riqueza em ouro, o Mali tinha sua economia baseada na agricultura e nas atividades de criação. Plantavam-se algodão, arroz, feijão, inhame e muitos legumes. Uma parte da colheita era oferecida ao *mansa*. Além disso, o rei tinha direitos exclusivos sobre as minas de ouro e de cobre.

A ascensão do Império Songai, a partir do fim do século XV, enfraqueceu o poder do *mansa*. Entretanto um alento veio com a chegada dos portugueses às praias africanas: o comércio atlântico passou a exercer papel fundamental na economia malinesa. Os portugueses lucravam comprando cavalos ao norte e depois os trocando por negros escravizados fornecidos com grandes lucros pelos governantes do Mali.

Os vizinhos do Mali, porém, ganhavam poder e passaram a atacar as fronteiras do império. Com o tempo, as províncias foram conquistadas ou se emanciparam uma a uma. Os portugueses ajudaram nesse processo, incentivando os chefes de cidades costeiras a se livrar do *mansa*. Sem saída para o mundo externo, cercado por inimigos, o Mali se esfacelou a partir de 1599.

OS IORUBÁS ANTES DO ENCONTRO COM OS PORTUGUESES

Na África, os Estados eram organizados de várias formas. O clã, uma espécie de família mais ampla, é a forma rudimentar de Estado. Os membros se reconhecem como descendentes de um ancestral comum e elegem um chefe, uma espécie de patriarca, que comanda o grupo e distribui justiça. Os reinos se formam reunindo vários clãs. E os impérios congregam vários reinos.

Os iorubás, que viviam nos atuais Nigéria, Benim e Togo, e tiveram grande influência na formação cultural brasileira, se estabeleceram em cidades-estado cercadas pela floresta, com a qual conviviam de forma harmoniosa, retirando dela a base de seu sustento. A maior dessas cidades era Ifé, que no século VII já dominava uma vasta região. Mas a origem desse povo, que trouxe para a Bahia a religião dos orixás, é muito mais antiga. Segundo a tradição, em 350 a.C., a região do vale de Ifé era ocupada por 13 aldeias. A partir do século VII, essas aldeias formaram uma estrutura única e foi criada uma rede de estradas — que ainda existe — ligando Ifé a outras cidades iorubás, como Oió. As cidades iorubás tinham um rei (em Ifé, ele era chamado *oni*), a quem todos juravam fidelidade. Muitas delas eram cercadas de muralhas para defesa contra os inimigos. A guerra era uma atividade permanente. Os iorubás eram hábeis escultores e dominavam a metalurgia. Suas cidades populosas tinham grandes mercados. Mais tarde, parte dessa população embarcaria no golfo de Benim, atravessaria o Atlântico e chegaria à Bahia.

Mapa do século XVI: caravelas em torno do continente mostram que a África tinha entrado nas rotas comerciais

CAPÍTULO III

A África se abre ao mundo

Desde a Antiguidade, os africanos foram vistos em outros continentes, mas, quando a Etiópia se converteu ao cristianismo, no século IV, o comércio se intensificou. A península Arábica, separada da África apenas pelo mar Vermelho, foi o primeiro lugar para onde africanos foram transferidos em massa, principalmente como escravizados. Outros chegaram à Arábia como guerreiros e por lá ficaram, misturando-se à população local.

NEGROS ESCRAVIZADOS VENDIDOS NO MERCADO

Os árabes não foram os primeiros a praticar o tráfico de negros escravizados. O Egito já os trazia do sul do continente desde a Antiguidade. No século VIII, os bantos eram capturados e vendidos por reis inimigos para serem embarcados para a

Os africanos eram vendidos nos mercados e embarcados nos navios negreiros rumo ao Brasil

Mesopotâmia — atual Iraque — e o próprio Egito. Nessa mesma época, a Núbia pagava com cativos parte dos impostos que o Egito lhe impunha, enquanto do Sudão ocidental seguiam escravizados para o Magrebe e para a Espanha, então sob domínio muçulmano. Os negros e negras eram comercializados, ao lado de eslavos e turcos, em mercados que existiam nas principais cidades do mundo islâmico. Em geral, os brancos custavam mais caro do que os negros. O preconceito contra a cor escura era forte e fora disseminado por séculos. Os juristas muçulmanos justificavam a escravidão em dois casos: o nascimento e a captura na guerra. Os negros e negras cativos serviam como empregados domésticos, eunucos, **concubinas** e até como soldados. Na região onde hoje é o Iraque, em grupos de até 5 mil pessoas, eles aravam a terra para a produção de alimentos, provavelmente a cana-de-açúcar.

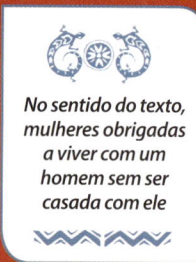

No sentido do texto, mulheres obrigadas a viver com um homem sem ser casada com ele

UM ESTADO NEGRO NA MESOPOTÂMIA, ATUAL IRAQUE

A escravidão, no entanto, não foi aceita passivamente pelos africanos. As revoltas foram muitas. A maior delas foi em 868, a Revolta dos Zanjes, na qual 500 mil escravizados se levantaram e fundaram um Estado com seis cidades, ao sul de Bagdá, construindo uma capital, Moktara, e cunhando sua própria moeda. Resistiram durante 14 anos. Só foram derrotados por um grande exército mobilizado pelo califa de Bagdá e com reforço de tropas egípcias, mas, a partir dessa revolta, o tráfico de africanos começou a ser limitado no mundo muçulmano.

COMEÇA A DIÁSPORA

O Império do Mali já começara o seu declínio quando os portugueses chegaram à costa ocidental da África. Os **lusos** ultrapassaram os perigosos mares do cabo Bojador em 1434. Nos 60 anos seguintes, aventuraram-se

Sinônimo de português

cada vez mais ao sul até contornar o continente africano e atingir a Índia. Nesse momento, os Estados mais importantes da costa ocidental eram Oió e Benim, que praticavam o culto aos ancestrais que sobrevive nos cultos de matriz africana praticados no Brasil.

A chegada dos portugueses à África marca um novo momento na história da humanidade. A caravela, invenção portuguesa, ao lado da pólvora e da bússola, garantia aos europeus o domínio dos mares, deixando para trás os muçulmanos. Logo, no entanto, entrariam na balança outros continentes: a América, rica em ouro e prata, e a Ásia, com suas especiarias.

Os portugueses viram em sua colônia americana — o Brasil — as terras necessárias à expansão da cultura da cana-de-açúcar, e, na mão de obra escrava da África ocidental, explorada desde o século XIV por portugueses, espanhóis e venezianos, a força de trabalho ideal para essa expansão.

Nesse momento, o continente contava com cidades bem povoadas, que representavam 10% da população, e um vasto contingente de camponeses. A estimativa é que a população ali era de 200 milhões de pessoas. Parte dela seria, a partir de 1530, transportada para a América em quantidades cada vez maiores.

PORTUGUESES NA COSTA AFRICANA

O que os portugueses buscavam na África, a princípio, era ouro. Mas o comércio de escravizados logo se tornou mais promissor, e os lusos trataram de atrair os chefes locais para a atividade. O fato de as ofertas de compra de homens provocarem um aumento das guerras — forma mais usada para a obtenção de cativos — não preocupava os europeus. Eles diziam que o cativeiro abria aos negros o "caminho da salvação" por meio da fé cristã.

As ilhas atlânticas — como Cabo Verde e Canárias —, onde se plantava cana-de-açúcar, foram o destino inicial desses africanos. Mas, a partir de meados do século XVI, é o Brasil o principal destino. Por aqui, a escravização do indígena — o "negro da terra", como era chamado — foi praticada desde o início da colonização. Muitos morriam em epidemias ao entrar em contato com as doenças trazidas pelos europeus, sobretudo em conflitos contra os invasores portugueses. A reposição foi se tornando mais difícil e mais cara a cada ano, com a fuga de índios para o interior, à medida que os europeus ocupavam o litoral. A solução encontrada foi traficar e sequestrar africanos para cá.

Entre 1576 e 1600 vieram 40 mil africanos escravizados. Depois disso, o tráfico cresceu com força. Nos 25 anos seguintes, 150 mil negros cativos desembarcaram no país. A economia do açúcar se desenvolvia e isso afetava a África. Ali, atraídos por esse comércio lucrativo, negociadores espanhóis e holandeses chegavam oferecendo mercadorias, em troca de homens. Assim, a força da diáspora africana crescia. No século XVI, 274 mil africanos atravessaram o Atlântico e chegaram à América; no XVII, 1,3 milhão; no XVIII, 6 milhões.

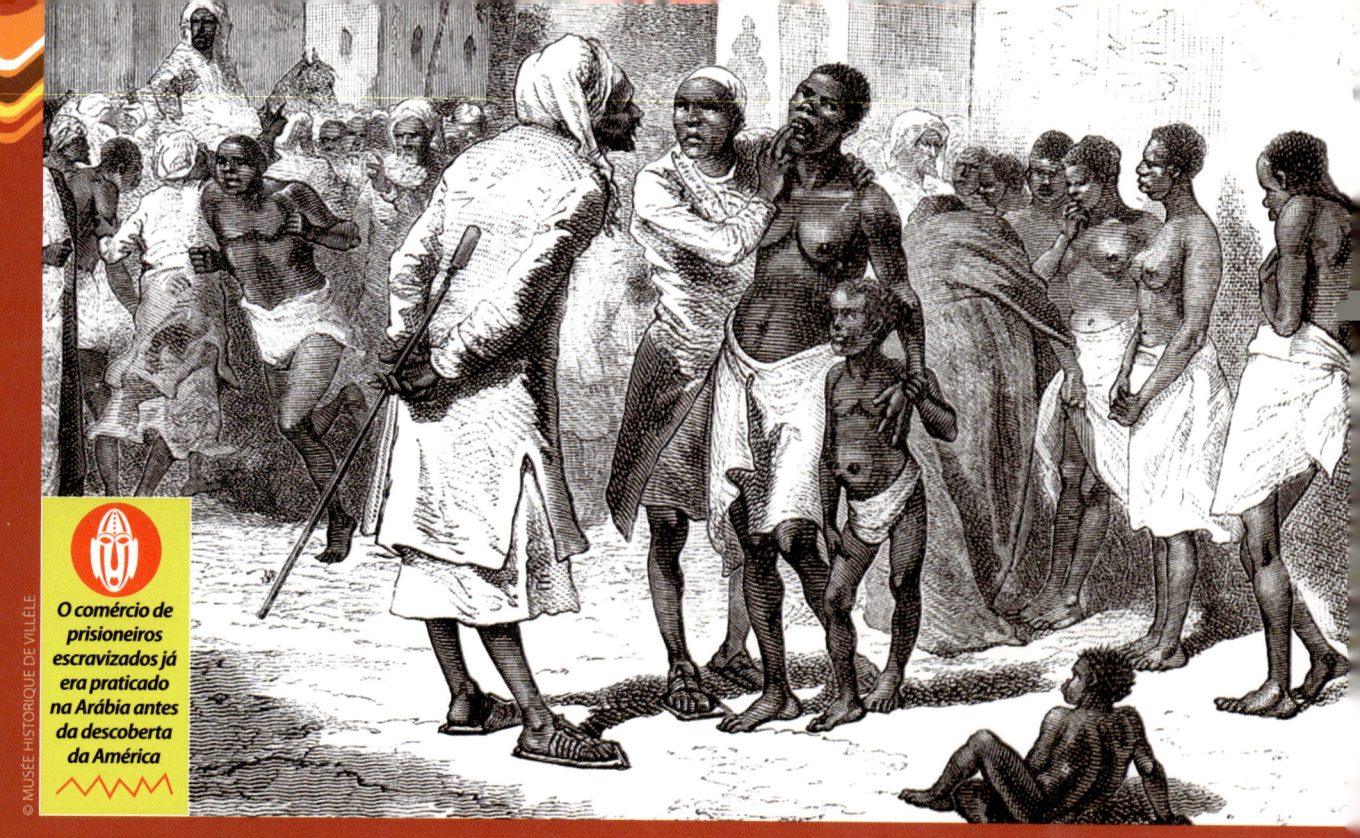

O comércio de prisioneiros escravizados já era praticado na Arábia antes da descoberta da América

No século XVIII, a mineração atingia o seu auge no Brasil, e quase 2 milhões de africanos escravizados foram trazidos para o continente, vindos, sobretudo, da costa da Guiné, de Angola e de Moçambique. Eles representavam praticamente a totalidade da mão de obra empregada na indústria açucareira e mais de 60% da população do país. Durante boa parte do século seguinte, o ritmo permaneceu o mesmo. Hoje, estima-se em 22 milhões o número de africanos arrancados de seu continente entre 1500 e 1888, quando o Brasil decretou o fim da escravidão.

O impacto dessa diáspora no continente africano foi brutal. O campo esvaziou-se e, em muitas áreas, populações regrediram para um estilo nômade de vida. Outros deixaram a savana para buscar a proteção da floresta. Piratas atacavam navios nos mares, sem que as cidades portuárias pudessem resistir. As trocas de mercadorias entre o interior e os portos regrediram, já que os europeus se interessavam quase exclusivamente por mercadoria humana.

A existência de um mercado de cativos incentivou chefes políticos e militares a empreender guerras com o único interesse de obter prisioneiros. Após as campanhas, só restava terra arrasada. Esses chefes também ampliaram o uso de mão de obra escravizada nos próprios empreendimentos, mas, como o comércio entre países africanos também regredira, a agricultura permaneceu com baixa produtividade — o que tem reflexos até os dias de hoje. Essa estrutura frágil permaneceu até o século XIX, quando a escravidão chegou ao fim. O futuro parecia pouco promissor para um continente que, ao longo de três séculos, adotara uma economia excessivamente dependente do mundo exterior.

AFRICANOS FORA DE SEU CONTINENTE

No século XVII, na Espanha e em Portugal, os negros escravizados eram empregados nos trabalhos mais pesados: as minas, a construção e a agricultura. Muitos foram levados também para a Inglaterra e a França, mas é na América que eles são em número suficiente para provocar movimentos importantes, como a formação do quilombo de Palmares, que veremos mais adiante.

Estevanico, um negro entre os índios

Estevanico (Estêvão de Azamoa) era marroquino e foi vendido aos portugueses com 22 anos. Ele foi, talvez, o primeiro africano a chegar à Flórida, em 1527. Percorreu a região com uma expedição que começou com 300 homens e, depois de oito anos, foi reduzida a apenas quatro. O africano atravessou uma vasta área indígena. Para sobreviver, aprendeu os idiomas dos nativos e ganhou fama de curandeiro.

Fugas em massa e rebeliões aconteceram por todo o continente desde o século XVI. A mais bem-sucedida foi no Haiti, em 1791, sob o comando de Toussaint Louverture. Nascido escravo e libertado por seu patrão, ele trabalhou como cocheiro. Filho de africanos, culto e convertido ao cristianismo, rebelou-se contra as tropas coloniais francesas. Juntou-se a um pequeno exército que, se valendo de ações de guerrilha, conseguiu, após cinco anos de luta, vencer os soldados de Napoleão e conquistar um certo grau de autonomia para o Haiti. Acabaria capturado pelos franceses, em 1801, após se proclamar governador vitalício. O país chegaria à independência, sob a liderança de seu antigo auxiliar, o general Dessalines, em 1804.

Como Toussaint, os africanos da **diáspora** se modificaram em virtude do seu novo ambiente físico e social. Sua visão de mundo, assim como a língua que usam, mudou completamente. A herança africana, no entanto, permanece e esses africanos da diáspora assumiram um papel de intermediários entre a cultura africana e a euroamericana.

Dispersão de um povo pelo mundo ao longo dos anos

"MULATOS" NA COSTA OCIDENTAL

De volta à África, em 1578, ocorre a batalha de Alcácer Quibir, na qual os portugueses, comandados pelo rei D. Sebastião, sofrem uma grande derrota para os marroquinos. Mais tarde, em 1591, os marroquinos desbaratariam o Império Songai, sob o comando de Al-Mansur. O Islã ampliava a sua influência na África.

Na costa ocidental, por sua vez, formava-se uma classe globalizada, os "mulatos". Eles eram mercadores, filhos ou netos dos pioneiros portugueses ou ingleses — os "lançados" — e serviam de intermediários entre africanos do interior e os navios europeus.

Esses comerciantes viviam em meio aos nativos, inclusive casando com mulheres negras. O idioma português era corrente, ao lado do mandinga, entre outras línguas locais. No século XVII, a imigração de Portugal para a região se reduziu e a população mestiça foi adquirindo cada vez mais traços negros. Praticavam o catolicismo, mas misturado ao culto aos ancestrais. Um pouco como acontecia com as populações mestiças brasileiras.

O IMPÉRIO AXANTE

Ao longo do século XVIII, os povos da etnia acã, que viviam na Costa do Ouro, uniram seus 38 pequenos Estados num grande império, o Axante. Dominando rotas comerciais importantes e extraindo ouro de suas minas, os axantes comerciavam com os europeus e usavam armas de fogo para combater seus inimigos. Formaram uma sociedade bem estruturada e com recursos, o que se refletiu em objetos de arte riquíssimos. Em fins do século XIX, no entanto, os axantes se envolveriam em disputas contra o poder colonial britânico e com outros Estados africanos. Uma última tentativa de resistência por parte da rainha-mãe Yaa Asantewaa foi derrotada e, em 1902, os ingleses declararam o território axante — atual Gana — uma colônia britânica.

O DAOMÉ E OS IORUBÁS

Nas atuais repúblicas do Benim e do Togo, o reino de Daomé se expande a partir do século XVII e, já no século seguinte, exerce um papel importante no tráfico de escravizados, valendo-se de sólidas relações com o Brasil. O reino mandava para cá, em seu apogeu, cerca de 10 mil escravizados por ano, muitos deles iorubás, seus inimigos de longa data. No século XIX, o reino tentou diversificar sua economia, exportando, além de gente, azeite de palma (dendê). O reino dos iorubás, a essa altura, já estava esfacelado, por isso fornecia, tantos contingentes para o comércio atlântico de cativos. Em 1900, o Daomé seria anexado pela França.

O CONGO

O reino do Congo, por volta de 1500, ocupava uma vasta região na costa, desde onde hoje está o Gabão, até o norte da atual Angola, estendendo-se para o interior.

O comando do país era do manicongo (rei), eleito pelos chefes com a ajuda de um conselho de 12 nobres, entre os quais quatro mulheres, que representavam os antigos clãs.

Os manicongos eram polígamos e alimentavam grandes famílias — Nzinga Mbemba, ou Afonso I, tinha mais de 300 netos e bisnetos. Os familiares ocupavam os cargos importantes do reino. As outras duas classes eram os aldeões e os escravizados. A Guarda Real era composta de 20 mil destes últimos.

Os congoleses adoravam os inquices, divindades ligadas aos antepassados e às forças da natureza. Os padres enviados ao Congo buscaram uma identificação dos inquices com a fé cristã, chamando suas igrejas de "casa do inquice".

Afonso I (Mvemba-a-Nzinga) subiu ao trono em 1506 e abriu o país à presença portuguesa em todas as áreas. A Igreja Católica passou a ter grande influência na vida do reino. Começaram a surgir conflitos entre as autoridades autóctones e os portugueses, especialmente pelo controle do tráfico de escravizados.

A cidade de Luanda, hoje capital de Angola, foi fundada pelo capitão português Paulo Dias de Novais em 1575, tornando-se independente do Congo. Logo, Luanda se tornaria um dos principais portos do continente de embarque de africanos escravizados. Em 1641, os holandeses, que naquele momento ocupavam Pernambuco, invadiram a cidade. A reação portuguesa viria em 1648, quando Salvador de Sá e Benevides, à frente de 12 navios e 1.200 homens, parte do Rio de Janeiro para reconquistar Angola. A partir daí, os comerciantes de cativos brasileiros dominariam o tráfico na região.

Conflitos internos nos quais holandeses e portugueses tomavam partidos acabaram por enfraquecer o Reino do Congo. A grande capital, Banza Congo, foi abandonada em 1678.

Ilustração mostra um mercado de escravizados no Iêmen, com negros e brancos à venda

BIBLIOTHEQUE NACIONALE DE FRANCE

Guerreiros do reino de Daomé, que forneceu muitos escravizados para o Brasil

LUANDA E BENGUELA

No século XVIII, os comerciantes tinham se tornado mais poderosos que os governos na África Ocidental. Na parte norte, várias potências disputavam o controle das rotas. No sul, com centro em Angola, era Portugal que dava as cartas.

A maior parte dos escravizados que caíam na rede do tráfico e partiam de Luanda tinha o Brasil como destino. Em 1730, os brasileiros e os afro-portugueses perderam espaço no comércio nefasto com a chegada de novas companhias de Lisboa. Os dois grupos tiveram de se deslocar para Benguela, também em Angola, mas, como tinham boa relação com os chefes das feiras de gente do interior, continuaram a ter altos lucros com seus negócios. Campanhas militares no interior do continente produziam milhares de escravizados direcionados a Benguela ou Luanda. Em Angola, até 1880, 88% da renda vinham do tráfico de gente.

Assim, se em 1500 as sociedades africanas eram relativamente independentes, em 1800 o continente estava integrado à Europa, América e Ásia. A pirataria tomava conta dos mares e o tráfico de cativos comandava a sociedade. A África sofreu consequências terríveis ao se ligar a outros continentes, mas foi a partir desse momento que os africanos se espalharam por todo o mundo, o que beneficiou a sociedade global e teve influência também no futuro surgimento de movimentos por independência na própria África.

Combate entre zulus e ingleses no sul da África. Tecnologia europeia facilitou conquista

CAPÍTULO IV

Fim do tráfico de escravizados e colonização

A África entrou no século XIX, segundo estimativas, com 100 milhões de habitantes. Nesse período, as campanhas abolicionistas que tinham surgido na Europa, no fim do século anterior, começam a surtir efeito. Três anos depois da Dinamarca, a Inglaterra, durante séculos uma das líderes no tráfico, proíbe, em 1807, o comércio de cativos entre suas colônias na África e na América. Outros países aderem à causa nos anos seguintes.

O regime de escravidão deixara de ser útil para a Grã-Bretanha, a grande potência da época, que preferia ver brotar novos mercados para o consumo dos seus produtos. A Revolução Industrial tornara a Inglaterra uma economia industrial poderosa. Sua frota mercante tinha a capacidade de espalhar produtos por todo o planeta.

De início, as proibições concentraram as exportações de escravizados em poucos portos africanos, mas uma redução significativa de embarcados só viria em 1850, quando o Brasil também proibiu a importação de escravizados. A mão de obra local passou a ser usada para a obtenção de marfim e o cultivo de óleo de palma (dendê) e amendoim, entre outros produtos. A população, depois de três séculos, voltou a crescer.

Um funcionário belga compara a sua altura à de um habitante da República do Congo

CRISTÃOS, MUÇULMANOS E O ETIOPIANISMO

A atividade dos comerciantes europeus se amplia com a substituição da mercadoria humana por gêneros agrícolas. Esses negociantes, junto com os missionários cristãos e os libertos retornados da América, vão mudar o panorama dos países da costa africana. No entanto, os chefes tradicionais resistiam. Eles queriam modernizar seus países, mas sem deixar que os novos ares levassem a tantas mudanças sociais ou políticas.

Em termos religiosos, o islamismo seguia se alastrando por toda a parte norte do continente, tomando o lugar das religiões tradicionais. Escolas islâmicas se espalharam pelo interior, melhorando o nível de alfabetização e criando laços de solidariedade entre os seguidores desse credo. Católicos e protestantes, por sua vez, construíam igrejas e escolas missionárias, muitas delas dedicadas ao ensino profissionalizante. Esses movimentos começaram a criar uma elite instruída, bem diferente dos chefes tradicionais.

Um versículo bíblico ("A Etiópia terá as mãos voltadas para Deus") inspirou um movimento nascido entre os intelectuais africanos, de caráter **nacionalista** e religioso: o etiopianismo. Em reação às ideias racistas que circulavam pela Europa — classificando os negros como raça inferior —, e que tiveram ampla aceitação entre os brancos que ocupavam cargos religiosos e administrativos na África, os nativos do continente começaram a organizar igrejas cristãs que preservavam costumes locais e eram dirigidas por africanos. O movimento começa na África do Sul e se espalha por toda a parte oriental e central do continente.

Na parte ocidental, o movimento vai mais à frente, com a publicação de artigos e livros que exaltam a consciência racial, o **pan-africanismo** e a identidade africana.

Aquele que defende o direito de todo povo de formar uma nação soberana

Doutrina que prega a união de todos os países africanos

Um dos mais brilhantes entre os líderes desse movimento é James Africanus Horton (1835-1883), nascido em Serra Leoa. Contra os que previam que a "inferioridade" do africano condenaria os negros ao desaparecimento, ele respondeu: "Por todos os lugares para onde os membros da raça africana foram transplantados, se multiplicaram, qualquer que tenha sido o jugo destruidor e pesado que tenham sofrido. Podemos deduzir, sem grande risco de erro, que o africano é um povo indestrutível e persistente". Já Edward Wilmot Blyden nasceu nas Antilhas e migrou para a Libéria. Defendia o pan-africanismo e cunhou o slogan "África para os africanos". Esse sucesso intelectual, no entanto, não veio acompanhado de avanços tecnológicos e econômicos de vulto. E isso deixou o continente exposto à tempestade colonialista.

O ESMAGAMENTO

A Colônia do Cabo, embrião da atual África do Sul, abrigava fazendeiros holandeses, ao redor da Cidade do Cabo, desde o século XVIII. Chamados bôeres, eles viviam em grandes fazendas, sempre com muitos escravizados. Em 1795, os britânicos tomaram a colônia. Holandeses e ingleses passaram a dividir espaço e a buscar mais terras para cultivar e criar gado, o que faziam invadindo terras dos povos africanos que viviam na região, os khoi, que acabaram perdendo sua unidade social.

Por outro lado, havia os zulus. Sob o comando de Shaka, um poderoso rei que criou um exército de 40 mil soldados, essa nação, que ainda hoje mantém suas tradições, cresceu em meio a uma série de conflitos que, em conjunto, ficaram conhecidos como Mfecane (Esmagamento).

As guerras começaram na província de Natal, entre grupos de língua nguni. A causa, acreditam os historiadores, teria sido uma luta por espaço, em vista do crescimento populacional. Os conflitos aos poucos se generalizaram por toda a região.

O zulu Shaka organizou um exército poderoso na atual África do Sul

Africanos eram recrutados para os exércitos coloniais, como o alemão

Nos anos 1810, Shaka emergiu com um exército disciplinado, tornando-se um chefe poderoso, a quem os outros foram se submetendo. Enfrentou e venceu o rei nguni Zwide e formou um Estado militar. Isso obrigou muitos povos a fugirem em várias direções, provocando destruição pelo caminho e refazendo o mapa político do sul da África. Os refugiados se contavam aos milhares.

Alguns desses refugiados eram chamados *mfengu*. Vivendo nas terras dos xosas, eles eram desprezados por esse povo. Acabariam, em 1835, se juntando aos colonos europeus, com os quais os xosas estavam em guerra. Dezesseis mil deles partiram em caravana para a sede da colônia britânica, levando 15 mil cabeças de gado dos xosas. Foram instalados numa área separada dos europeus. Os homens se juntaram ao exército colonial, contra os xosas, e seus filhos foram enviados para escolas cristãs. Mais tarde, eles seriam os primeiros professores e funcionários sul-africanos negros.

O RENASCIMENTO DO EGITO

No fim do século XVIII, comerciantes e donos de terras egípcios começaram a se reunir em torno da ideia de um "esforço nacional". A intenção era livrar o país da dominação francesa e do Império Otomano. Muhammad Ali, vice-rei, era o líder desse grupo. Sua ideia era dotar o Egito de exército e governos próprios e fazer do país o centro de um império islâmico.

Ali fortaleceu a indústria, criando novas fábricas e a agricultura. Livros e jornais nacionalistas surgiram por todos os lados. Os otomanos decidiram, em 1840, abrir o Egito para os investidores estrangeiros. Entre 1836 e 1897, o número de residentes não egípcios no país pulou de 3 mil para 112.568. Eles dominaram toda a economia.

Os egípcios resistiram a essa dominação, criando, em 1881, o Partido Nacional. A religião islâmica era usada como forma de mobilização popular para a causa nacionalista. Temendo a consequência do movimento nos negócios, a grande potência da época, a Inglaterra, resolveu ocupar o Egito. Em 1882, os ingleses bombardearam Alexandria, causando muitas mortes e o incêndio da cidade.

James Africanus Horton combateu a ideia, em voga no século XIX, da "inferioridade" do africano

A derrota da revolução egípcia não impediu, no entanto, que movimentos nacionalistas nela inspirados se espalhassem para outros países africanos, a exemplo do que ocorreu na Primavera Árabe de 2011.

INGLESES E ITALIANOS NA ETIÓPIA

A Etiópia, no início do século XIX, estava dividida entre três monarquias e muitos chefes militares. Em 1855, Kassa Heyku, filho de um chefe da cidade de Qwara, reunifica, à força, o país e se coroa imperador Teodoro da Etiópia. Com a ajuda de militares turcos e de um aventureiro inglês, ele organiza um exército disciplinado e torna mais seguras as rotas comerciais. Além disso, reduz os impostos e abole o tráfico de escravizados.

Porém, Teodoro incomodou a Igreja ao prender o seu chefe e retirar parte de suas terras. O clero se voltou contra ele e, com a ajuda de chefes locais que tinham perdido poder, fomentou uma série de revoltas, respondidas com violência pelo exército. O enfraquecimento do poder central abriu caminho para a invasão britânica. Teodoro morreu lutando contra os ingleses, em 1867.

Depois de um período de disputas de poder, Kassa do Tigre torna-se imperador em 1872, adotando o nome de Johannes IV. Ele consegue, com uma postura mais conciliadora, uma unificação mais extensa que a de Teodoro. Porém, em 1885, foi a vez de os italianos invadirem o país, a partir do porto de Massawa. Ao mesmo tempo, uma epidemia de peste se abate sobre o gado, lançando o país inteiro na fome e no declínio.

CONFLITOS EM MADAGASCAR

Na ilha de Madagascar, na costa oriental africana, a rainha Ranavalona I subiu ao trono em 1828. Ela era esposa do rei Radama I, que morrera jovem após ter aberto o país à influência britânica. Seu reinado foi voltado para a preservação da independência e da cultura malgaxe.

No mesmo ano em que subiu ao trono, Ranavalona convocou o representante britânico na ilha, Robert Lyall, e disse que a presença inglesa não era mais desejada ali. Além disso, ela rompeu os tratados entre malgaxes e britânicos.

Mas o auxílio técnico de franceses e ingleses era importante para a ilha e, em 1836, uma missão de diplomatas foi enviada à Europa para tentar novos tratados que preservassem a cultura malgaxe. A missão, no entanto, não teve sucesso. Com isso, em 1845, uma esquadra anglo-francesa atacou a ilha e Ranavalona, depois de ter rechaçado os invasores — e espetado a cabeça de alguns inimigos em estacas —, respondeu expulsando todos os estrangeiros de Madagascar.

Apenas em 1853, uma nova fase de abertura comercial teria início. Os franceses acharam pouco e conspiraram, com o herdeiro de Ranavalona, um golpe de Estado, que foi descoberto a tempo. A rainha, entristecida com a traição do filho e de emissários franceses em quem confiava, se isola e morre em 1861. Ela se tornaria um símbolo de resistência para os nacionalistas malgaxes e africanos em geral, mas seria lembrada por seus inimigos, especialmente por causa da perseguição aos missionários cristãos, como uma **tirana**.

> Governante injusto e cruel que coloca a sua vontade e autoridade acima das leis e da justiça

Ranavalona I, a rainha de Madagascar que tentou defender a cultura do país contra a excessiva influência europeia

O QUE VOCÊ SABE SOBRE A ÁFRICA?

CAPÍTULO V

Colonização e resistência

O fim do tráfico de africanos escravizados para o Brasil encerrou um período de trevas para o continente. O reino de Daomé adaptou sua rede comercial para o óleo de palma e a costa ocidental recebeu muitos "brasileiros" retornados — africanos e descendentes —, que desempenharam importante papel no desenvolvimento local nas décadas seguintes.

O Brasil absorveu 38% dos escravizados enviados para o Novo Mundo ao longo de 300 anos. Foi o maior importador de africanos da história. No período até 1600, esses africanos mantiveram a viabilidade das colônias portuguesas e espanholas, enquanto os indígenas eram dizimados por doenças, como a varíola, trazidas pelos europeus.

Foi no século XVIII, no entanto, que o comércio humano viveu seu apogeu, com os negros cruzando o oceano para viabilizar as extensas plantações de algodão, no sul dos Estados Unidos, e de cana, no Brasil e no Caribe. No século XIX, aos poucos o tráfico perdia força, enquanto os africanos e seus descendentes procuravam se adaptar às sociedades americanas, sempre em busca da ampliação de seus direitos. Em certos países, a miscigenação entre índios, brancos e negros foi de tal monta que resultou em um quase desaparecimento genético dos negros — casos do Equador, Chile e Argentina (a alta mortalidade dos negros incorporados aos exércitos nas guerras de libertação das colônias também cumpriu um papel nesse processo). Já nos Estados Unidos, a separação foi uma política estrutural e os negros se mantiveram como uma minoria com direitos limitados. Por todos os lados, no entanto, as influências africanas se estabeleciam: nas artes, na religião, na culinária etc.

Missionários abriram caminho para a colonização da África, enfraquecendo culturas locais

O QUE VOCÊ SABE SOBRE A ÁFRICA? 37

O imperador etíope Menelik: vitória sobre os italianos deu esperanças a todo o continente

Enquanto isso, a África vivia um processo de mudanças em velocidade impressionante. Se até 1880, apenas uma parte do continente estava diretamente em mãos estrangeiras, em 1914, com exceção da Etiópia e da Libéria, o continente todo estaria dominado pelos europeus.

MISSIONÁRIOS E COMERCIANTES

Na década de 1870, Alemanha e Itália se tornaram nações unificadas. A França, por sua vez, derrotada na guerra pela Alemanha, precisava recuperar suas finanças, enquanto a Grã-Bretanha seguia liderando a Revolução Industrial. Enquanto isso, na África, descobriam-se diamantes no sul e havia a perspectiva de novas descobertas de ouro. O interesse pelo continente aumentou e os serviços de duas classes de europeus que já conheciam a região ganharam importância: os missionários e os comerciantes.

O primeiro grupo, formado por organizações que exercem trabalhos humanitários, educacionais e religiosos, teria duas missões: enfraquecer a cultura local, o que facilitava a penetração estrangeira, e fornecer informações. Os missionários costumavam ter boa acolhida entre as comunidades, já que levavam consigo conhecimentos modernizantes, como a vacinação e a agricultura mecanizada. Os dirigentes africanos tentavam fazer com que os missionários dessem mais ênfase ao trabalho educacional do que à religião, com pouco êxito.

Já os comerciantes, graças a seus capitais, tinham grande influência junto a soberanos locais, e funcionaram como uma força desestabilizadora de vários governos, inclusive incentivando o endividamento.

A PARTILHA DO CONTINENTE

A ideia de uma conferência internacional para resolver conflitos entre várias potências, surgidos na região do Congo, partiu de Portugal, que, assim como a Bélgica, vinha, desde 1876, ampliando seus interesses no continente. A Alemanha encampou a ideia e a conferência se realizou em Berlim, entre novembro de 1884 e fevereiro de 1885. Só a notícia de que o encontro se realizaria já fez com que cada potência tentasse ocupar mais espaços para "exploração". Treze países europeus, além dos Estados Unidos e do Império Otomano, sentaram-se à mesa diante de um mapa de cinco metros de altura. Nenhum africano foi convidado. A partilha, claro, foi feita sem considerar nenhuma realidade local. A resistência africana às decisões da conferência levou ao envio de exércitos e à conquista militar.

A conquista do continente foi possível porque os recursos tecnológicos europeus eram muito superiores aos dos africanos. Os estrangeiros tinham mais verbas e muito mais força militar. Em 1902, com a ajuda da metralhadora Maxim, a divisão colonial estava completa, com cerca de 40 novas unidades políticas.

RESISTÊNCIA AO AVANÇO EUROPEU

A luta desigual não permitiu que a resistência africana tivesse chance de vitória, mas apontou caminhos e teve consequências que perduram até os dias de hoje. Para citar alguns casos, começamos pelos somalis. Seu território foi disputado desde 1870 por Itália, França e Reino Unido, até uma partilha ser acertada em 1897. Mas os chefes e sultões jamais aceitaram a conquista. Além de promoverem levantes, eles tentaram jogar as potências umas contra as outras. O ápice da luta foi o *jihad* (guerra santa) decretada por Sayyd Abdullah Hassan contra os invasores europeus, em 1895. O líder dervixe chegou a controlar grande parte do território da Somália em 1913 e manteve sua luta até 1920, ajudando a forjar um forte sentimento nacionalista.

No Marrocos, a ocupação só se consolidou na década de 1930, após sangrentas batalhas. O mesmo aconteceu na Líbia, invadida pelos italianos em 1911. Os europeus ocuparam cinco cidades, mas enfrentaram resistência em cada lugar pelo qual passaram. Completaram a conquista apenas em 1932.

Cartum mostra os líderes europeus "fatiando" a África entre si

Na África ocidental, o general de etnia mandinga Samori Touré organizou um forte exército, equipado à europeia, e dominou a parte sul das savanas sudanesas. Em 1882, os franceses ordenaram que ele se retirasse de Kenyeran, um importante mercado. Isso o deixaria sem rotas para as áreas mandingas. Touré se recusou e foi atacado de surpresa. Teve de se retirar, mas, nos anos seguintes, se bateu contra os franceses, com várias vitórias. Movendo seu império e seu povo, massacrado por ataques devastadores dos franceses, o general manteve a luta até 1898, quando foi capturado e levado para o Gabão, onde morreu em 1900.

Ilustração em jornal francês mostra a tomada da cidade de Kana, no Daomé

No Daomé, o governante, o príncipe Behanzin, juntou um exército de 12 mil homens e encarou os franceses que marchavam para a capital, Abomey, mas o efetivo foi esmagado. As amazonas, mulheres soldados muito temidas, foram quase todas mortas. Os franceses tomaram a capital, mas ela tinha sido incendiada, por ordem de Behanzin.

LIBÉRIA E ETIÓPIA, OS ÚNICOS INDEPENDENTES

A Libéria surgiu em 1822 como uma colônia fundada por americanos para abrigar afro-americanos que quisessem retornar à África. A população cresceu ao longo dos anos, tanto com os que chegavam dos Estados Unidos, como também das Antilhas e dos países vizinhos. As instituições se desenvolveram ao estilo ocidental, com eleições presidenciais e um Parlamento.

A partir de 1860, a Grã-Bretanha começou a intervir no território liberiano, com apoio de comerciantes da costa, tanto estrangeiros quanto locais, descontentes com os impostos cobrados pelo governo central. Em 1822, os ingleses anexaram parte do território. A Libéria protestou, mas não teve como resistir. Em 1891, foi a vez da França, que anexou o sudeste do país, sob o pretexto de que não era bem ocupado.

A Libéria apelou às nações "cristãs e civilizadas", mas não obteve resposta. Em 1908 e 1911, sempre sob ameaça militar, o país foi obrigado a ceder novas porções do território a franceses e ingleses. O país conseguiu se manter independente, mas à custa de ver o seu território amputado pelas potências europeias.

Já na Etiópia, a agressão europeia teve início quando uma companhia italiana comprou de um sultão local o porto de Assab, no mar Vermelho. Em 1882, sem consulta aos etíopes, o porto foi declarado colônia italiana. Em 1885, os italianos tomaram o porto de Massawa, sob aprovação dos britânicos. O imperador Johannes IV protestou, escrevendo uma carta para a rainha Vitória dizendo que, se ela queria a paz, era necessário que os italianos ficassem no país deles e os etíopes, no seu. Como não obteve resposta, o imperador preparou seu exército para a guerra, mas, ao levar tropas para o litoral, desguarneceu a fronteira oeste, por onde seus inimigos sudaneses aproveitaram para invadir o país. O imperador voltou o exército contra o invasor, mas, no fim de uma batalha vitoriosa, em 10 de março de 1889, foi atingido por um tiro e morreu.

Os etíopes se viram sem imperador e com epidemias de peste bovina e varíola. Os italianos avançaram sem dificuldade pelo norte e estabeleceram a colônia da Eritreia. Com a ajuda do invasor, um chefe local, Menelik, foi alçado à condição de novo imperador etíope e reconheceu a posse italiana do território no litoral.

Menelik e os italianos assinaram um tratado. Nele, havia uma cláusula segundo a qual os assuntos da Etiópia com outras potências poderiam ser intermediados pelos italianos. Para a Etiópia, isso era uma opção: poderia ou não. Para os italianos, era uma imposição. Quando Menelik anunciou a própria coroação como imperador, as potências afirmaram que a Etiópia era um protetorado italiano e ele só poderia ser reconhecido com a aprovação da Itália.

Menelik, então, se armou para a guerra, com a compra de 82 mil fuzis e 28 canhões. Em 1893, ele denunciou o tratado, afirmando: "A Etiópia não precisa de ninguém. Ela estende as mãos para Deus". A guerra começou em dezembro de 1894. Os moradores da Eritreia, irritados com os confiscos dos italianos, ficaram ao lado de Menelik. Na Batalha de Adua, o exército italiano sofreu uma derrota acachapante. Os etíopes capturaram todos os 56 canhões italianos e 11 mil fuzis. Milhares de soldados e oficiais italianos morreram. A Itália foi obrigada a assinar um tratado reconhecendo a completa independência da Etiópia. Por motivos não muito claros, mas que podem ter a ver com uma antiga dívida, o imperador não exigiu a saída italiana da Eritreia, hoje um dos países mais pobres do mundo e de onde partem milhares de refugiados todos os anos.

A vitória dos etíopes espalhou esperanças de liberdade na África e na América. Era a primeira importante de um exército africano sobre um europeu desde os tempos de Aníbal. Agora, parecia possível resistir.

A PRIMEIRA GUERRA MUNDIAL CHEGA À ÁFRICA

A Primeira Guerra Mundial coloca em um lado Alemanha e Itália, no outro, França e Reino Unido. A África, claro, vira cenário para a disputa entre as potências que a haviam repartido. As colônias alemãs são tomadas depois de duras batalhas, enquanto os africanos assistem aos europeus lutando entre si. Os nativos jamais tinham visto isso. Antes, qualquer ação de um africano contra um homem branco era punida com rigor; agora, eles eram incentivados a atacar "o inimigo". Enquanto isso, muitos funcionários europeus voltavam para seus países ou eram enviados para o front.

Nas colônias francesas, foi decretado o alistamento obrigatório para os africanos, que trabalhavam como soldados ou carregadores. Isso provocou revoltas por todos os lados. Aldeias inteiras desapareciam na floresta para escapar do alistamento.

O movimento de tropas foi grande. Os ingleses, vindos da África do Sul, invadiram a Namíbia. Os portos em poder dos alemães, como Lomé, no Togo, foram tomados. Na África oriental, Dar El Salaam, entre outras, foi bombardeada. Em Camarões, franceses, britânicos e belgas demoraram 15 meses para vencer os alemães, com grande reforço dos recrutas autóctones.

Samori Touré resistiu ao domínio francês

Ao fim da Primeira Guerra, os alemães tinham perdido suas colônias. Os africanos tinham perdido milhares de vidas nos campos de batalha, mas, sobretudo, por causa da epidemia global de gripe de 1918, trazida por soldados retornados – gripe, aliás, que vitimou os marinheiros brasileiros que foram para a guerra, quando eles estacionaram em Dakar, no Senegal.

Um conceito, porém, ganhava espaço: a autodeterminação dos povos, o direito que cada nação tem de decidir os próprios caminhos. A princípio, uma bandeira socialista, ela foi abraçada pelo presidente americano Woodrow Wilson. E uma nova potência surgida em meio à guerra, a União Soviética, passou a denunciar o colonialismo.

CAPÍTULO VI

A independência

Marcus Garvey fundou a Associação Universal para o Progresso Negro em 1917. O jamaicano tornou-se o principal defensor do retorno dos negros à África. O ativista tinha em mente um programa para seus irmãos de cor: a criação de escolas agrícolas e industriais na Jamaica; a construção de uma frota de navios mercantes — a *Black Star* — para ajudar o comércio entre os países africanos e a criação de uma "nação central para os negros". Essa nação, ele imaginava, poderia ser a Libéria. Depois de entendimentos com o governo local, Garvey enviou uma delegação de técnicos para o país, com a função de construir escolas, fábricas e casas para milhares de futuros migrantes. A delegação, no entanto, foi presa na chegada, depois que o governo americano agiu para minar a iniciativa. Mas a ideia de união entre os países africanos começava a crescer.

Outros americanos foram para a Etiópia nos anos 1930, quando o imperador Haile Selassié voltou ao trono. Um contingente importante de brasileiros migrou para Lagos, na Nigéria, entre outras localidades da costa ocidental a partir de 1890. Eles influenciaram a arquitetura e a cultura locais. Esses brasileiros, ainda hoje conhecidos como *agudás*, acabaram se incorporando à cultura local, mas eles mantêm seus costumes, como os desfiles de carnaval e pratos de festa, como a feijoada e o cozido. E, claro, levaram para a África o catolicismo pouco dogmático e misturado às religiões africanas tão comum no Brasil.

> Que segue regras rigorosas e incontestáveis

Marcus Garvey: defensor da teoria do retorno à África, ele buscou formas de desenvolver o continente

Os migrantes tinham posição social e cultural destacada. O continente começava a se modernizar, o que pode ser considerado um aspecto positivo do colonialismo. Novas instituições de Estado se estabeleciam, como tribunais de Justiça e departamentos administrativos. Outro aspecto positivo foi a criação de Estados maiores e mais consolidados. Ainda existem conflitos e tensões por conta das fronteiras arbitrárias, mas a estrutura se mantém ainda hoje. No entanto, o colonialismo retirou dos africanos a possibilidade de escolher os seus caminhos — em outros termos, o direito à liberdade. Estava na hora de recuperar esse direito fundamental para todo ser humano.

O REINO POLÍTICO

"Procurai, primeiramente, o reino político e o restante lhe será dado." A frase é de Kwame Nkrumah, que seria presidente de Gana nos anos 1960. Ele queria dizer que para a África resolver seus problemas, precisava primeiro recuperar a sua soberania. A vitória das forças democráticas, na Segunda Guerra Mundial, exerceu um papel importante ao enfraquecer as justificativas para o colonialismo. As décadas seguintes veriam a população pedir a liberdade e as organizações se prepararem para a luta armada contra os governos coloniais.

Na Tunísia, a luta se intensificou em 1946. A Frente Nacional Tunisiana uniu todos os partidos que queriam a independência. O dirigente Habib Bourguiba se destacava. Ele tentou negociar a independência do país, mas, em 1952, os franceses interromperam qualquer negociação e prenderam os militantes do partido.

Os camponeses, então, organizaram grupos armados para atacar colonos franceses, sabotar os meios de comunicação e até combater pequenos grupos do exército. Os franceses decidem retomar as negociações e libertam Bourguiba. Em 20 de março de 1956, a França reconhecia a plena soberania da Tunísia. Após 75 anos de ocupação, o país entrava na comunidade das nações livres. Menos de um mês antes, em 2 de março, tinha sido a vez do Marrocos, depois de um período de manifestações de massa e greves contra o domínio colonial.

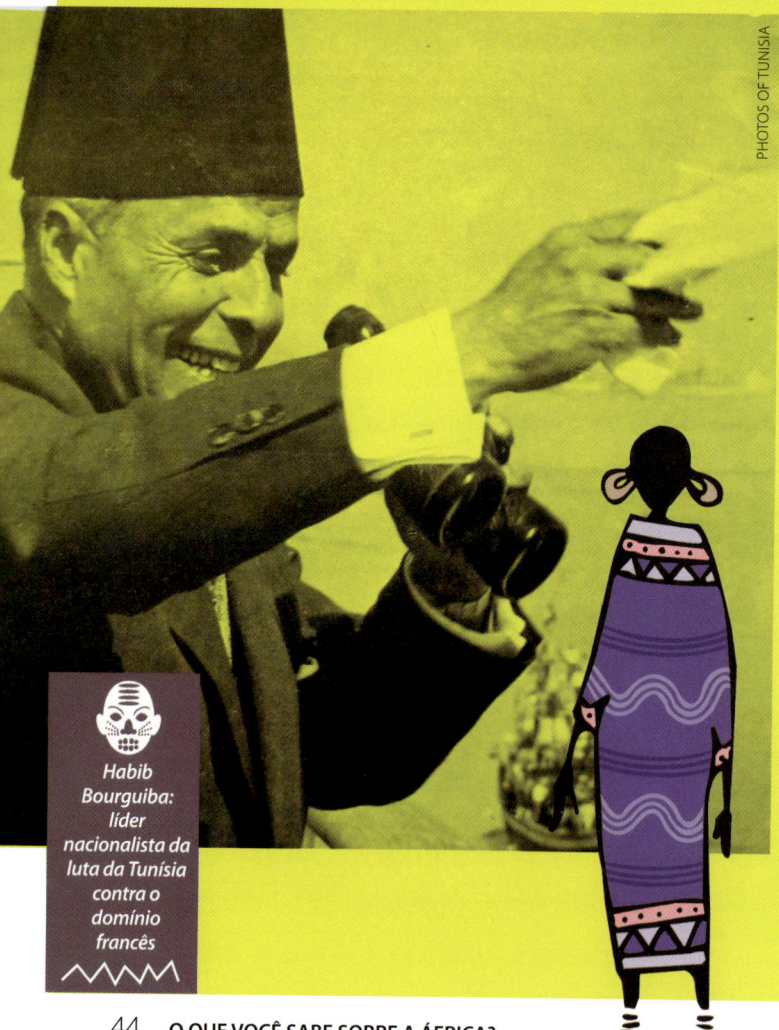

Na vizinha Argélia, a comemoração pela vitória dos aliados na Segunda Guerra, em maio de 1945, descambou para uma rebelião contra os franceses, depois que a polícia tentou tomar as bandeiras agitadas pelos nacionalistas. Em seguida, viria uma severa repressão

Habib Bourguiba: líder nacionalista da luta da Tunísia contra o domínio francês

do exército. Mais de cem franceses seriam mortos. Entre os argelinos, houve milhares de vítimas. Os eventos pegaram de surpresa os franceses, que ocupavam a região desde 1830. Para eles, a ideia da "Argélia francesa" era intocável. Um milhão de colonos vivia no país. A descoberta de petróleo nos anos 1950 tornou a colônia uma possessão ainda mais importante. No entanto, em 1954, a guerra de independência foi detonada por jovens argelinos da Frente de Libertação Nacional. Nos oito anos seguintes, um milhão de argelinos perderam a vida em consequência da guerra, mas em 1962 a França reconheceu a soberania do país.

Enquanto isso, o Egito tentava, pela via das Nações Unidas, obter a sua soberania. Os britânicos dominavam o país por meio de um rei fantoche. Como não teve sucesso, manifestações de massa se sucederam até que, em 1952, os Oficiais Livres, grupo de militares do exército, tomaram o poder, com forte apoio da população. O presidente Gamal Abdel Nasser e o Egito exerceriam importante papel no plano internacional.

Amílcar Cabral foi uma das principais lideranças na luta contra o colonialismo português a partir da década de 1950

ÁFRICA PORTUGUESA

Em 1965, todas as colônias britânicas e francesas da África Ocidental já tinham alcançado a independência, mas o colonialismo português resistia. Guiné-Bissau, Angola, São Tomé e Príncipe, Cabo Verde e Moçambique eram pouco desenvolvidas e não tinham instituições de ensino superior. Havia poucas lideranças. Portugal era comandado, desde 1926, pelo regime fascista de Salazar. Não havia abertura para a discussão de concessões às colônias.

Referente ao fascismo, regime político baseado no nacionalismo exacerbado, com censura e perseguições a opositores

Em 1956, o agrônomo cabo-verdiano Amílcar Cabral funda o Partido Africano da Independência de Guiné e Cabo Verde (PAIGC). Ele defende a luta por meios pacíficos. Em 1959, durante uma manifestação contra os baixos salários no porto de Bissau, a polícia política abre fogo, matando mais de 50 estivadores. A partir dali, o PAIGC preparou a luta armada, que teve início em 1963. Apesar da ajuda de potências estrangeiras, Portugal não conseguiu deter o avanço dos guerrilheiros. Em 1973, após dez anos de derramamento de sangue, a independência da Guiné foi proclamada. Moçambique veio a seguir. O regime de Salazar vivia os seus últimos suspiros. A Revolução dos Cravos derrubou o ditador em abril de 1974. Angola ainda viveria uma guerra civil entre os dois movimentos que lutaram pela independência que sacrificaria o país por mais 27 anos, até 2002.

ÁFRICA DO SUL

A África do Sul tornara-se independente, de fato, em 1931. Os direitos civis, porém, só estavam assegurados para a minoria branca do país. Em 1948, o Partido Nacional chegou ao poder e adotou a política do apartheid. Os casamentos entre negros e brancos foram proibidos; os cidadãos, classificados de acordo com a sua cor e as áreas de moradia também divididas. O Congresso Nacional Africano — partido fundado em 1912 para defender a causa dos negros — liderou o movimento de resistência, convocando greves, boicotes e manifestações. Nos anos 1960, o governo havia montado um Estado policial. Bombas de gás lacrimogêneo, cães policiais e milhares de soldados tentavam garantir a paz social. Os movimentos de libertação dos africanos de todo o continente inspiravam as lutas locais. O assassinato de 69 manifestantes no massacre de Sharpeville, em 1960, revoltou a população. O CNA passou à luta armada.

A resposta do governo sul-africano foi mais repressão, mesmo sob protesto internacional. Em 1976, as autoridades impuseram o uso do idioma africâner nas escolas secundárias, ao lado do inglês. A medida provocou uma onda de manifestações estudantis. Em 16 de junho de 1976, em Soweto, 20 mil estudantes participavam de uma marcha quando a polícia abriu fogo. Hector Pietersen, de 13 anos, foi morto. Os estudantes responderam com pedras. No contra-ataque da polícia, mais 22 estudantes morreram. Nos meses seguintes, as manifestações se multiplicaram, assim como a violência policial. Até o fim do ano, seriam mais 500 mortes. Levaria ainda algum tempo, muita luta e lágrimas, mas o apartheid chegaria ao fim em 1990. Em 1994, a África teria o primeiro presidente negro, Nelson Mandela, que conseguiu levar adiante uma política de reconciliação.

Mãe tenta proteger os filhos durante embate em área residencial na África do Sul, em 1981

Mandela, o mito

Com inteligência e enorme habilidade política, Mandela conseguiu concretizar um sonho que parecia impossível: uma transição pacífica do apartheid para a democracia na África do Sul. Vencedor do Prêmio Nobel de 1993, foi celebrado como uma das principais lideranças morais do planeta.

Mandela esteve preso por 27 anos. Quando de sua prisão — em 1962 —, os negros, apesar de representarem 80% da população, não tinham qualquer influência nas decisões do governo. Hospitais e escolas eram separados por critérios raciais.

Mandela fora, desde jovem, um fervoroso defensor dos direitos igualitários. Nascido em 1918, ele recebeu o nome de Rolihlahla Madiba Dalibhunga Mandela. Membro de uma família da nobreza da etnia xosa, teve no pai, que chefiava o vilarejo, um iniciador na história dos povos africanos. Sua mãe, Nonqaphi Nosekeni Fanny, era a terceira entre as quatro mulheres de Gadla Henry Mphakanyiswa.

Quando Mandela tinha 2 anos, o pai entrou em conflito com as autoridades brancas de sua vila. A família perdeu parte das terras que tinha e foi obrigada a se mudar para uma cidade maior. Ainda estudante, Mandela engajou-se na luta contra a segregação e aproximou-se do Congresso Nacional Africano (CNA). Mandela e o CNA adotavam a luta pacífica, mas, depois do massacre de Sharpeville, a luta armada parecia a única saída.

Mandela passou a frequentar a cadeia de forma assídua, até que, em 1964, foi condenado à prisão perpétua por planejar ações armadas contra o governo sul-africano.

Era o início de uma vida isolada e solitária que duraria um quarto de século. Precisou abdicar de sua liberdade, família e profissão, mas seus ideais libertários continuaram vivos. "A liberdade é conquistada à custa de provações e sacrifícios. A luta é a minha vida. Vou continuar a lutar pela liberdade até o fim dos meus dias", escreveu o líder, na cadeia.

Entre trabalhos forçados e visitas ocasionais, Mandela resistiu. No fim dos anos 1980, ele se tornara um símbolo e pôde negociar a própria libertação, que se confirmou em 1990. Quatro anos depois, ele assumiria a presidência da África do Sul.

Com toda a sua autoridade moral, ele optou pela construção de um governo que buscava o caminho da conciliação, enquanto setores tanto entre os brancos quanto entre os negros se preparavam para confrontos que pareciam inevitáveis. "Perdoem, mas não esqueçam." Essa foi a lição de Mandela, que morreu aclamado pelo mundo, em 2013.

Nelson Mandela com trajes tradicionais da etnia xosa, em 1961

CAPÍTULO VII
A África e o futuro

Os países africanos que conquistaram a independência nos anos 1950-1970 foram inscritos no Terceiro Mundo, categoria da qual o Brasil também fazia parte, segundo a nomenclatura que se usava na época. Muitas nações da África subsaariana estavam e ainda estão entre as mais pobres do mundo. Com recursos limitados, essas nações lutam para melhorar a condição de vida de suas populações.

Em 1974, o chamado G77, grupo de países do Terceiro Mundo — entre os quais, o Brasil —, conseguiu aprovar na ONU a Carta dos Direitos Econômicos dos Estados.

Direito de controle

A Carta afirmava a **soberania** dos Estados sobre seus recursos naturais e também obrigava os países desenvolvidos a reparar as desigualdades da economia internacional, transferindo recursos financeiros e tecnológicos às nações em desenvolvimento. É claro que só parte desses objetivos foram colocados em prática.

Os primeiros anos da década de 1990 foram marcados por reviravoltas políticas em todos os continentes. O fim do Muro de Berlim fez com que o mundo passasse a ter uma única superpotência, os Estados Unidos. Enquanto isso, na África, o cenário era repleto de crises políticas e econômicas, com muitas guerras, mas

Sala de aula no Quênia

Crianças de uma escola em Piggs Peak, Suazilândia

também com mais respeito aos direitos humanos. A África, muitas vezes, é pintada como um continente sem salvação, o que está longe da verdade, mas seus problemas continuam a ser bem graves.

A pobreza persiste. Os avanços econômicos não chegam ao conjunto da população. Os investimentos estrangeiros no continente seguem limitados. Hoje, 33 dos 48 países mais pobres do mundo estão na África. E a crise global de 2008 fez com que o auxílio das economias desenvolvidas a esses países se reduzisse de forma alarmante. A solidariedade saiu da ordem do dia.

Por outro lado, as nações chamadas emergentes — como a China e o Brasil — aumentaram sua presença no continente nos últimos dez anos. E a democracia teve o impulso decisivo do exemplo de Nelson Mandela. A ideia de uma união entre os países africanos avançou. Apesar disso, tragédias como o genocídio em Ruanda — com raízes em divisões étnicas favorecidas pelo sistema colonial — acontecem diante de um certo descaso da comunidade internacional. Grupos terroristas praticam violências contra a população.

ÁFRICA NO SÉCULO XXI

Desde o início deste século, a economia africana tem crescido acima das taxas do resto do planeta. Isso alimenta a esperança de que o continente possa aproveitar melhor o seu potencial. Na África subsaariana, o desenvolvimento humano teve entre 2000 e 2013 os maiores avanços já registrados. Foi o maior progresso entre os continentes, com exceção da Ásia. Em 2014, 17 dos 52 países africanos tinham alcançado nível médio de desenvolvimento humano.

As perspectivas são boas. O principal investimento que deve ser feito para a África conseguir que todos os seus cidadãos tenham as necessidades básicas atendidas é em capital humano. Ou seja, é preciso mais recursos para a educação e redução das desigualdades. Esse é o caminho.

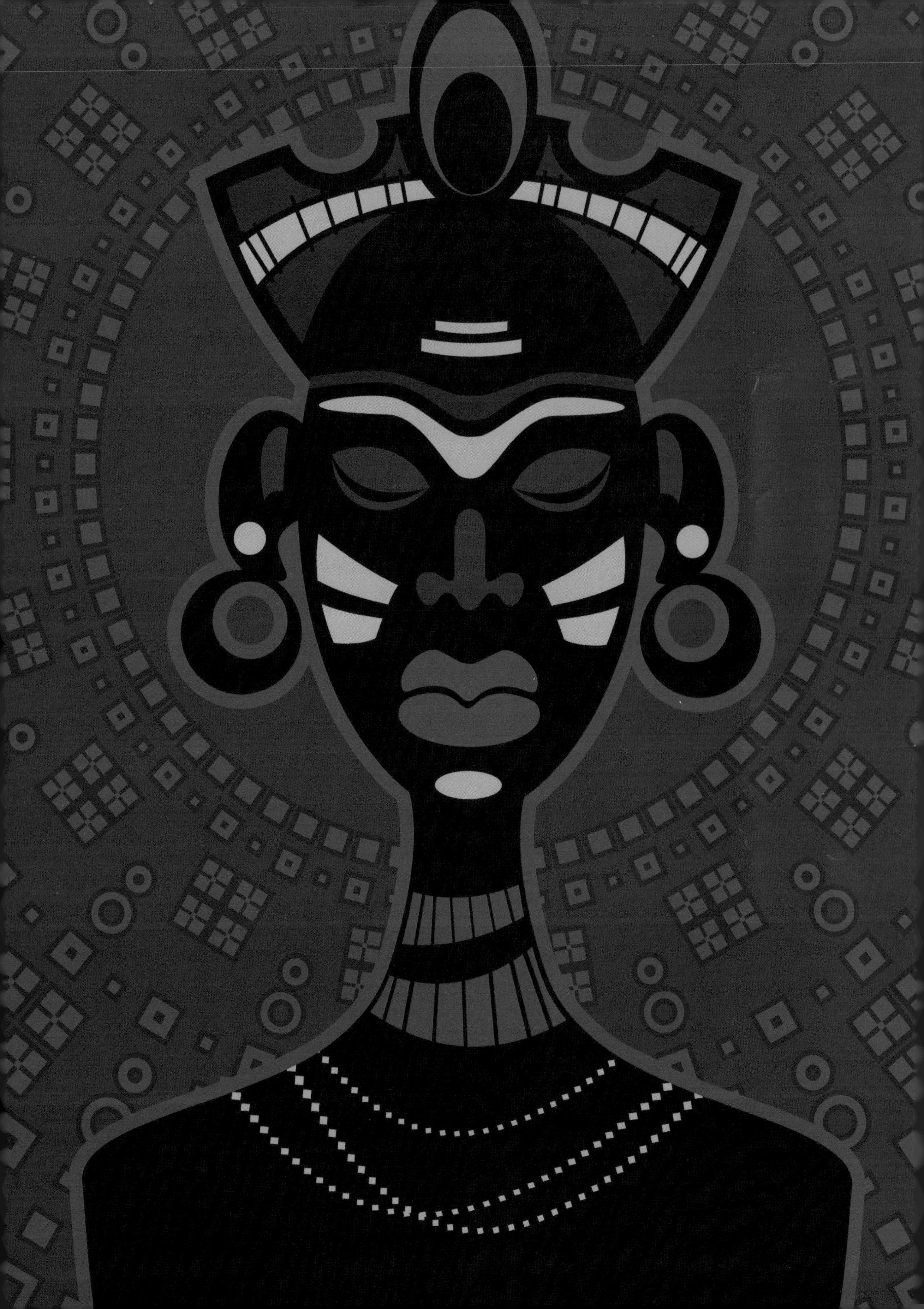

PARTE II
O BRASIL AFRICANO

CAPÍTULO I
O tráfico de escravizados

Como começa a História do Brasil? Com o Descobrimento, em 1500, quando índios e europeus se encontram pela primeira vez? Talvez, mas talvez antes, em 1140, quando Dom Afonso é proclamado o primeiro rei de Portugal. Ou antes ainda, por volta do ano 1000, quando os índios tupis migram para o litoral, expulsando os índios tapuias para o interior. Ou podemos escolher uma data mais antiga: o século VII, com os primórdios de Ifé, a cidade sagrada dos iorubás, na atual Nigéria. O Brasil começa em Portugal com os europeus, começa no litoral brasileiro com os índios e começa na África.

Se olharmos o mapa da costa brasileira e o da costa ocidental africana, perceberemos claramente que eles se encaixam. E, de fato, um dia eles já estiveram unidos, quando todos os continentes formavam uma única terra, a Pangeia. Alguns milhões de anos depois, uma das piores instituições criadas pelo homem — o tráfico de escravizados — acabaria por reunir de novo os dois continentes. O encontro do negro com o branco e o indígena criou a civilização brasileira. No entanto, os negros, obrigados ao trabalho forçado, tiveram de lutar muito para impor os traços de sua cultura no quadro geral da cultura brasileira. Tendo tudo contra eles, conseguiram.

OS AFRICANOS CHEGAM AO BRASIL

Em meados do século XVI, os portugueses começaram a trazer africanos para o litoral brasileiro. Os portugueses não tinham em seu país gente suficiente para ocupar um território do tamanho do Brasil. De início, eles contaram com a mão de obra do indígena. Os índios eram retirados de suas **tabas** e agrupados em grandes grupos para trabalhar no corte de pau-brasil e nas plantações de cana-de-açúcar. A justificativa para essa atividade era sempre a catequização. Os índios eram obrigados a se converter ao catolicismo, o que faria com que suas almas fossem salvas.

Aldeia indígena

Isolados no continente americano havia milênios, os índios eram vítimas constantes de epidemias. Seus corpos não tinham imunidade contra as doenças trazidas pelos europeus. A gripe, a disenteria e, principalmente, a varíola mataram populações inteiras. O primeiro século da ocupação portuguesa no Brasil foi repleto de guerras pela posse do território, mas as epidemias matavam mais do que as armas. Sem chance de resistir, os índios foram cada vez mais para o interior, o que dificultava a captura deles para o trabalho nos canaviais.

Por outro lado, os portugueses já comerciavam pessoas escravizadas na costa ocidental africana desde o século XV. Não seria tão difícil trazê-las para o Brasil. E, assim, os tumbeiros — como eram chamados os navios negreiros — começaram a cruzar o Atlântico. O comércio humano se tornou um negócio extremamente lucrativo. Os traficantes de escravizados no Brasil e na África estavam entre os homens mais ricos das cidades portuárias, como o Rio de Janeiro e Salvador, no Brasil, e Luanda e Benguela, em Angola.

Roda de batucada em fazenda no século XIX, no traço de Rugendas

O tráfico era justificado, mais uma vez, como um projeto de salvação de almas. O padre jesuíta Antônio Vieira dizia

que arrancar o africano de sua terra "pode parecer desterro, cativeiro e desgraça, e não é senão um milagre, e grande milagre".

DE QUE LUGAR DA ÁFRICA VIEMOS?

Os negros escravizados que vinham para o Brasil eram, sobretudo, prisioneiros das guerras entre chefes militares ou reis do continente africano. Também havia indivíduos que tinham cometido crimes ou que não tinham conseguido pagar dívidas, mas era a guerra a grande fornecedora de gente para o comércio nefasto.

Esses negros enfrentavam longas jornadas do interior ao litoral. Depois, eram vendidos aos comerciantes nas cidades portuárias e embarcados para o Brasil. Cada navio negreiro transportava uma carga de até 500 cativos em seus porões. A travessia do Atlântico durava até 50 dias.

No início, a maior parte dos africanos escravizados chegados ao Brasil vinha da região da Guiné — hoje, Guiné, Gâmbia, Guiné-Bissau e Senegal. Depois, os portos de Angola (Luanda, Benguela e Cabinda) passaram a ser os maiores fornecedores, o que duraria até o século XIX.

Quando se tornou mais complicado trazer escravizados para o Brasil, com a campanha inglesa contra o tráfico, outras regiões ganharam importância. Pelo porto do Rio de Janeiro entraram muitos africanos da costa oriental, especialmente de Moçambique. A Salvador chegavam os negros do golfo de Benim (Gana, Togo, Benim e Nigéria), chamados "nagôs", que trouxeram sua religião tradicional, baseada no culto aos orixás.

Como vemos, os negros e negras que vieram construir o Brasil eram de origens bem diversas.

Trabalho escravo na mineração

FUNDAÇÃO BIBLIOTECA NACIONAL, RJ

Mão de obra escrava nos engenhos de açúcar

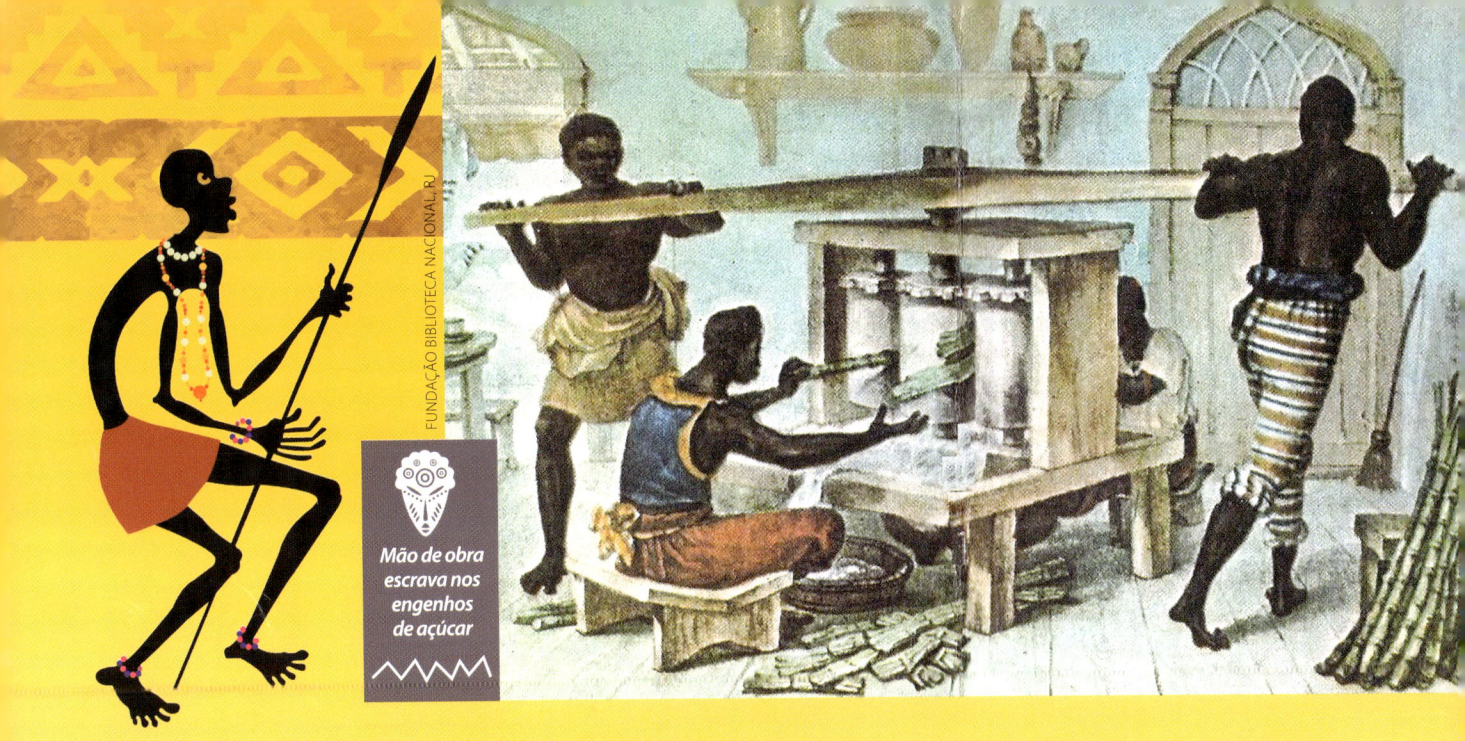

Tinham culturas, costumes e idiomas diferentes, mas cada um trazia a história de seus povos dentro de si. Essa história continuaria no Novo Mundo.

NO BRASIL

Os africanos desembarcavam principalmente em Salvador, Recife, Belém, São Luís e no Rio de Janeiro. Com a descoberta de ouro em Minas Gerais, o Rio de Janeiro se tornou o maior porto negreiro do mundo. Depois que os comerciantes cumpriam as formalidades, os cativos eram levados a armazéns, onde se recuperavam da travessia e eram preparados para impressionar bem os compradores que vinham observá-los. Outras vezes, eles eram leiloados em praças.

A maior parte dos africanos era destinada mesmo às plantações de cana no interior, e, a partir do século XVIII, à mineração. Assim, após serem adquiridos por seu novo senhor, homens, mulheres e crianças eram enfileirados para uma longa marcha em direção aos engenhos.

No fim do século XVI, a cana-de-açúcar já estava espalhada pelo litoral brasileiro. O engenho, onde a cana virava açúcar, era o centro da vida brasileira. Em volta dele, eram plantados canaviais cada vez mais extensos. Ali, o africano era o braço para todas as tarefas. Eles plantavam e colhiam a cana, moviam os engenhos para produzir o açúcar, cuidavam da cozinha, das plantações de **víveres** e da criação animal. As jornadas de trabalho chegavam a durar 15 horas.

Gêneros alimentícios

Os escravizados moravam em senzalas. Normalmente, eram grandes barracões divididos em pequenos compartimentos e que ficavam próximos à casa-grande. As senzalas eram lugares insalubres e continham, inclusive, instrumentos de tortura. À noite, eram trancadas pelos feitores. Não havia liberdade religiosa. Seus cultos eram reprimidos.

Na cidade, escravizados exerciam atividades como barbeiros, amoladores e doceiras

Os cativos usavam roupas precárias, o que ajudava a marcar a condição social inferior. A alimentação era ainda pior. A base consistia em farinha de mandioca e feijão, com alguma carne-seca ou peixe seco. Nos engenhos, algumas vezes havia rapadura e cachaça. Muitos faziam uma roça para conseguir alimentos e complementar a pobreza da dieta. Ou, nas folgas, caçavam e pescavam.

NAS CIDADES, OS "ESCRAVOS DE GANHO"

A vida na cidade era um pouco melhor para o negro. Ainda que desprovido de direitos, ele, pelo menos, tinha mais liberdade de movimento. Os escravizados ocupavam todas as profissões que exigem trabalho físico — pedreiros e estivadores, por exemplo, no caso dos homens, ou cozinheiras e lavadeiras, no das mulheres. O esforço físico, mesmo o de carregar um embrulho na rua, era considerado indigno de cavalheiros.

Em vez da prisão da senzala, os negros e as negras habitavam os porões das casas dos seus senhores, ou até mesmo moravam em outras casas, localizadas em regiões mais distantes do centro. Nas cidades maiores, muitos habitavam os cortiços (grandes casas antigas divididas em cubículos que eram alugados).

Na cidade havia muitos "escravos de ganho". Nessa modalidade, o escravizado realizava alguns serviços para o patrão, mas a sua principal função era oferecer a sua força de trabalho pela cidade. No final da semana, ele dava ao senhor uma parte do que havia ganhado e ficava com o restante. Também havia os "escravos de aluguel", que eram alugados a um terceiro pelo senhor por tempo determinado.

Apesar da liberdade para circular pelas ruas, a vigilância das autoridades era permanente. Temiam-se rebeliões e desobediências. Havia o pelourinho, uma coluna de pedra erguida num ponto central de cada cidade ou vila. O escravizado que incorresse em falhas era castigado ali, na frente de todos, para melhor exemplo.

Com todas as dificuldades, no entanto, os escravizados souberam se adaptar à vida na cidade. Mesmo quando eram proibidos de andar na rua à noite, eles sabiam os caminhos por onde poderiam circular sem ser incomodados, os becos onde a polícia ou um membro da elite temia ir. E assim foram criando seus territórios, os seus pontos de encontro e fazendo os seus batuques.

A quitanda

Uma das tradições trazidas da África e que ganhou raízes no Brasil foi a quitanda (ki-tanda, no idioma quimbundo). Eram negras que vendiam, em tabuleiros armados nas ruas, alimentos como doces e bolos, ou ainda frutas e legumes. Em São Paulo, elas tinham a permissão de ocupar a rua da Quitanda Velha — atual Álvares Penteado. Ali, elas vendiam hortaliças, palmitos, cereais e frutos das muitas chácaras que existiam em torno da cidade. A aglomeração de vendedoras parece que provocava um certo fuzuê. Tanto que a municipalidade, em 1793, baixou uma lei proibindo que as quitandas funcionassem depois da Ave-Maria (seis da tarde), sob pena de perda da mercadoria e 30 dias de cadeia.

Quitandeiras na atual praça Castro Alves, em Salvador, em 1875

Um pelourinho no centro do Rio de Janeiro, em 1834. No local, os negros eram castigados por suas "faltas"

CAPÍTULO II

Luta contra o açoite

O Brasil não é um país fácil de entender ou de explicar. Por um lado, temos uma tradição de convivência entre as raças bem diferente da que se vê em um país como os Estados Unidos. Lá, negros e brancos sempre se mantiveram afastados. Aqui, a convivência entre os diferentes povos foi mais próxima ao longo da História. Por outro lado, vivemos uma sociedade marcada pela violência, e a raiz dessa violência está no regime escravocrata.

Os castigos corporais aos cativos no Brasil eram regulados por lei, mas nem sempre a lei era obedecida. Nas cidades, a situação era melhor, mas, nas fazendas, imperavam a vontade do senhor e a índole do feitor, encarregado de aplicar o castigo. O castigo cumpria sempre a função de ser exemplar. Tinha de ser uma demonstração pública para impor o medo a todos os escravizados.

O tronco, por exemplo, era um instrumento de madeira que se abria em duas metades e prendia os pés e às vezes as mãos do escravizado que tivesse cometido alguma desobediência. Ali, ele ficava por horas e dias, à vista de todos e sofrendo humilhações do feitor. Ele não podia mudar de posição e nem ir ao banheiro.

Nas cidades, o pelourinho era o local dos castigos; o chicote, o principal instrumento. Um tribunal determinava a extensão da pena. A execução do castigo era anunciada por toques de tambores e atraía muitos curiosos.

Havia outras formas de tortura, mas o importante a ressaltar é que essa violência não foi o bastante para fazer com que os africanos e seus descendentes se acomodassem. A pena maior aplicada a um escravizado era reservada

O QUE VOCÊ SABE SOBRE A ÁFRICA? 59

aos líderes de quilombos: 300 chibatadas por dias seguidos. Isso mostra como as autoridades temiam essas comunidades de escravizados fugidos. No entanto, já no século XVI, os primeiros quilombos começam a aparecer. A resistência à escravidão chegou ao Brasil no porão do primeiro navio negreiro.

NEGROS REUNIDOS

Antes de embarcar para o Brasil, os africanos eram separados de suas famílias. Os comerciantes de escravizados preferiam que sua "carga" contivesse negros de diferentes povos e idiomas para dificultar algum tipo de motim. Ainda assim, a proximidade no porão do navio e o compartilhamento de um destino cruel criavam novos laços de solidariedade ali mesmo. Na senzala ou nas ruas das cidades, esses laços, que ajudavam os cativos a sobreviver e, apesar de tudo, enriquecer uma vida tão difícil, se reforçavam.

Rebelião contra alguma autoridade

No campo, um escravizado dava cobertura ao outro que quisesse, por algum motivo, deixar de trabalhar algum dia, ou ajudava aquele que resolvia fugir da fazenda. Nas cidades, os "cantos de trabalho" mostravam uma face mais evidente dessa união. Os africanos, livres ou alforriados, se juntavam numa praça ou largo próximo ao porto e ali se ofereciam para pequenos serviços. No local, nasciam amizades, parcerias e surgiam lideranças.

As fugas foram comuns durante todo o período de escravidão

Palmares: o quilombo resistiu por mais de cem anos aos ataques das autoridades coloniais

Muitos desses africanos, em Salvador, se reuniam em "juntas". Essas juntas formavam uma espécie de caixa única, para a qual todos do grupo colaboravam com parte de seus ganhos. O dinheiro servia para comprar alforrias ou ajudar um companheiro em dificuldade.

DA UNIÃO À REVOLTA

À medida que a população negra aumentava, maior era o medo de revoltas no Brasil colonial. Os negros tinham se tornado a maioria da população do país, e eles desafiaram o poder dos senhores desde a primeira hora.

As fugas eram o meio mais comum de protesto. Às vezes acontecia de um cativo fugir por alguns dias só para protestar contra algum feitor cruel. Em outras, porém, a fuga era permanente. O escravizado teria de se esconder, conseguir alimento, fugir da polícia e ir para algum lugar distante, misturando-se nas cidades com a massa de "escravos de ganho". Outra saída era o quilombo, a comunidade negra em que os fugidos juntavam as forças para resistir à escravidão.

QUILOMBO

A origem do quilombo é africana. Originalmente, eram acampamentos militares, às vezes fortificados com **paliçadas** ou muralhas. No Brasil, o termo passou a designar as comunidades de escravizados fugidos. Em toda a América — no Haiti, em Cuba, nas Guianas —, houve ajuntamentos semelhantes, com o nome de *palenques* ou *cimarrons*. No futuro território dos Estados Unidos, eram chamados *maroons*.

Cerca feita de estacas de madeira

Quilombos se formavam tanto próximos a engenhos quanto em locais mais difíceis de alcançar. Na maior parte das vezes, a localização dessas povoações era conhecida por todos. Eles vendiam o que produziam para intermediários, taberneiros ou donos de pequenos armazéns. Além de escravizados fugidos, os quilombos abrigavam negros libertos, índios ou até brancos com problemas na Justiça.

PALMARES, O GRANDE SÍMBOLO DA LUTA PELA LIBERDADE

O quilombo mais conhecido foi Palmares. Era formado por cerca de dez mocambos (conjuntos de casas de palha) espalhados pela serra da Barriga, no atual Estado de Alagoas. No auge, Palmares chegou a ter uma população estimada em até 30 mil pessoas. Eram quase todos escravizados fugidos que ali plantavam, colhiam e comerciavam. Firmemente organizado, Palmares abrigava qualquer escravizado que ali pedisse abrigo. O reino negro resistiu por quase 100 anos aos ataques dos portugueses.

Na primeira década do século XVII, Palmares já estava estabelecido. Seus moradores cultivavam cana, com a qual faziam rapadura e aguardente. Plantavam também feijão, milho e banana, entre outros alimentos. Além disso, eles aproveitavam a caça e os frutos da densa floresta da serra, que ajudava a ocultá-los.

Expedições foram enviadas contra Palmares por portugueses e holandeses — que ocuparam Pernambuco durante parte do século XVII. O acesso à serra da Barriga era difícil. Os militares que chegavam não dominavam o terreno. Os quilombolas (como são chamados os moradores de quilombos) usavam a estratégia do combate de guerrilha. Eles surpreendiam o inimigo e logo se retiravam. Se um mocambo era

Anúncio em 1854 oferece recompensa por informações a respeito de um escravizado fugido

Zumbi resistiu a vários ataques contra o Quilombo dos Palmares até ser morto

incendiado, os seus moradores eram acolhidos em outro, e os combates prosseguiam. Acabar com Palmares parecia uma tarefa impossível.

Em 1677, o capitão Fernão Carrilho conseguiu um feito. Ele e seus homens atacaram o mocambo de Aqualtune, obrigando os moradores a se retirar. Depois, atacou Amaro, onde vivia o rei de Palmares, Ganga Zumba. O capitão aprisionou dois filhos do rei e dezenas de moradores do mocambo, que foram distribuídos como escravizados entre seus homens, mas Ganga Zumba escapou.

Era caro demais manter a guerra. Foi então que as autoridades coloniais resolveram tentar negociar a paz. Eles ofereceram a Ganga Zumba uma área para que seu povo pudesse viver em liberdade e, em troca, os quilombolas entregariam suas armas e não acolheriam mais nenhum escravizado fugido.

Ganga Zumba calculou que o acordo poderia ser bom, já que suas forças estavam enfraquecidas. Foi até o Recife e fechou o trato, mas muitos palmarinos receavam uma armadilha. Um deles era Zumbi, o segundo em mando no reino, chamado pelos portugueses "general das armas" de Palmares. Ele seguiu abrigando negros fugidos, atraindo a fúria das autoridades. Mais que isso, ele marchou

Escravizdos carregando sacas de café, retratados por Debret, no século XIX

FUNDAÇÃO BIBLIOTECA NACIONAL, RJ

contra Ganga Zumba e o obrigou a fugir, assumindo o comando efetivo de Palmares. Abrigado em Cacaú, Ganga Zumba acabaria morrendo envenenado.

Com Zumbi comandando Palmares, os ataques portugueses se sucederam de forma quase permanente entre 1680 e 1691. Foi então que chegou ao Recife o bandeirante paulistano Domingos Jorge Velho, à frente de uma tropa formada por 1000 índios e 100 brancos.

Era pouco. Depois de muitos combates, em 1694 o bandeirante pôde contar com uma tropa de pelo menos 3000 homens, com o reforço de canhões. Era o exército mais poderoso que já tinha se reunido no Brasil. Velho consegue cercar o mocambo do Macaco, capital de Palmares, e posicionar seus canhões. Em 5 de fevereiro, Zumbi e seus guerreiros, vendo que seriam derrotados, tentam escapar por uma abertura, mas são surpreendidos à beira de um penhasco. Muitos morrem ali mesmo, com o fogo inimigo ou caindo no precipício. Zumbi escapa.

Apenas no ano seguinte ele seria capturado e morto, ao lado de 20 guerreiros. Sua cabeça foi espetada num poste e exibida no Recife. Nem assim Palmares deixou de existir. Haveria notícias de mocambos na serra por mais algumas décadas, abrigando o sonho de liberdade dos negros.

OUTROS QUILOMBOS

Palmares foi o maior, mas não o único. Existiam quilombos espalhados por todo o país. Em Minas Gerais, que recebeu um grande fluxo de escravizados no século XVIII, durante o ciclo do ouro, formaram-se quilombos para todos os lados. O mais famoso deles foi o quilombo do Ambrósio, atacado pelas autoridades coloniais em 1746. O quilombo tinha, segundo algumas fontes, 4.500 habitantes, entre escravizados fugidos e negros forros. Essa povoação era apenas uma entre as cerca de 25 mapeadas na região. Em 1759, uma outra expedição, composta por 400 soldados, a maior parte deles índios bororós, destruiu 11 núcleos quilombolas, com mortes relatadas de mais de 2 mil negros.

Perto do Rio de Janeiro havia o quilombo do Iguaçu. Os mocambos se distribuíam numa região pantanosa e cortada por rios, a Baixada Fluminense. Seus habitantes — quase todos homens — vendiam lenha para os mercadores locais. Essa lenha ia parar nas melhores casas da capital imperial. Durante todo o século XIX, o trabalho dos quilombolas garantiu boa parte da lenha dos fogões do Rio de Janeiro.

Até a religião servia como forma de resistência. À medida que seus rituais ancestrais eram proibidos, os negros associavam suas divindades a santos católicos, e assim continuavam, disfarçadamente, a cultuá-los.

Luiz Gama: poeta, jornalista e defensor, nos tribunais, do direito à liberdade dos escravizados

AS REBELIÕES DE ESCRAVIZADOS

O anseio dos negros por liberdade também era transformado em rebeliões contra senhores e autoridades. A ameaça de revoltas era um medo constante. Esses temores ficaram ainda maiores com o aumento da população de africanos no início do século XIX. Só pelo porto do Rio de Janeiro entrou 1 milhão de negros escravizados entre 1800 e 1850. Esses cativos iam principalmente para Minas Gerais e para o Vale do Paraíba, onde se iniciava o chamado "ciclo do café".

Às vezes, a rebelião era apenas contra maus-tratos de um senhor. Foi o caso de Carrancas (MG), em 1831. Ali, os escravizados da família Junqueira iniciaram uma revolta na roça. Liderados pelo africano Ventura Mina, eles mataram o filho do dono da fazenda, que supervisionava o trabalho. Depois, foram para a fazenda vizinha, do irmão de seu senhor, e, com a adesão dos cativos de lá, mataram toda a família do fazendeiro. Em seguida, marcharam para a fazenda de um outro irmão, mas, ali, eles já eram esperados. Os negros e negras escravizados da fazenda tinham sido trancados na senzala e foram recebidos à bala. No confronto, o líder da rebelião foi morto e os escravizados fugiram.

Na Bahia, a grande população negra, incluindo os alforriados, já era mais organizada. Os negros começaram a pensar em levantes mais ambiciosos, seguindo o modelo da grande revolta do Haiti (1791). Em 1807, um grupo de africanos traçou um plano: depois da missa de *Corpus Christi*, eles incendiariam a Casa da Alfândega e uma igreja. Depois, envenenariam todos os brancos de Salvador e enviariam um grupo para se juntar aos irmãos de Pernambuco e criar um reino negro no Brasil. Um dos negros cativos, no entanto, contou o plano a seu senhor, e os chefes acabaram presos e condenados a chibatadas. Outros foram mandados para Angola.

Não adiantou. Em 1809, 80 escravizados organizaram uma fuga em massa de Salvador para se juntar a um grupo de rebeldes, mas foram cercados pela polícia. Depois, até 1835, cerca de 30 revoltas aconteceriam na Bahia até que a rebeldia estourasse na principal delas: a Revolta dos Malês.

MALÊS: OS MUÇULMANOS DA BAHIA

Os malês — nagôs muçulmanos que sabiam ler e escrever — planejaram cuidadosamente seu levante. Eles já tinham sido os cabeças da rebelião de 1807. Agora, pretendiam conquistar e governar a Bahia. Durante meses, eles se comunicaram com os negros do interior e fizeram reuniões.

A revolta estava marcada para um domingo, mas a notícia chegou às autoridades, após a delação de três libertos. Cerca de 50 conspiradores foram flagrados por soldados num sobrado à noite, quando combinavam os detalhes do levante. Eles saíram à rua e enfrentaram os soldados.

Em seguida, os negros se dirigiram à Câmara e tentaram soltar o escravo Pacífico Licutan, um idoso que estava preso por conta das dívidas de seu senhor. Como não conseguiram, eles seguiram pela rua, gritando para despertar os outros negros, até o Campo Grande, onde outro grupo de rebelados se encontrava. Sob fogo cerrado vindo dos soldados do forte de São Pedro, eles partiram em direção à localidade de Cabrito, onde pretendiam encontrar outros negros. A ideia era prosseguir, de engenho em engenho, pelo Recôncavo, libertando negros e engrossando o exército.

Os revoltosos conseguiram abrir caminho, armados de espadas, percorrendo grande parte da cidade. Ao chegarem à localidade de Água dos Meninos, no entanto, foram atacados pelos soldados da cavalaria e massacrados. Setenta negros morreram nos combates, além de cerca de dez soldados. Mais de 600 pessoas participaram do levante.

A ESCRAVIDÃO PERTO DO FIM

Depois da revolta de 1835, foram tomadas medidas de precaução em todas as províncias. Em 1836, em Bananal (SP), um galo branco foi encontrado morto numa estrada. O pavor tomou conta da cidade. Parecia o sinal de uma rebelião dos negros. Mandaram 100 fuzis e um destacamento de soldados para o local, mas era apenas um sacrifício religioso feito por algum dos muitos africanos escravizados da região. Revoltas provinciais, como a Cabanagem, no Pará, e a Sabinada, na Bahia,

Castro Alves foi um dos intelectuais que aderiram à causa abolicionista

tinham, entre os líderes, negros libertos. Eles sempre pediam o fim da escravidão. Na Balaiada, no Maranhão, 3 mil negros egressos de quilombos e de engenhos entraram em combate. O ideal de liberdade crescia no Brasil enquanto, no exterior, vários países aboliam a escravidão.

Em 1845, a Inglaterra aprovou uma lei que permitia à marinha atacar navios de transporte de escravizados em qualquer lugar do oceano. Os navios negreiros passaram a ser considerados piratas. O cerco contra o tráfico se fechava, mas o Brasil resistiu até 1850, quando o governo imperial proibiu definitivamente a importação de negros escravizados.

A lei atendia ao interesse de donos de nordestinos escravizados. Eles venderam cativos aos montes para os fazendeiros de café do Sudeste. Tal lei também representava uma aspiração dos setores mais avançados da sociedade brasileira de então. Já se começava a pedir o fim definitivo da escravidão. As rebeliões provavam que o sistema escravocrata não se sustentaria por muito mais tempo. O número de cativos começou a cair ano a ano, e, cada vez mais, esses escravizados eram brasileiros.

PRISIONEIROS DA JUSTIÇA

Com a rejeição cada vez maior à escravidão, os cativos começam a procurar nas leis um caminho para a sua liberdade. Alguns tentam provar que tinham chegado ao Brasil depois de 1831. Nesse ano, o tráfico atlântico de escravizados tinha sido proibido, mas ninguém respeitava a lei, que foi chamada de "lei para inglês ver". Outros provavam ter o "valor justo" para a compra de sua carta de alforria. Eles pediam que o juiz obrigasse seu senhor a vendê-la, seguindo uma cláusula da Lei do Ventre Livre, aprovada em 1871.

Mesmo os escravizados que se rebelavam contra os maus-tratos, matavam ou feriam um senhor ou um feitor, procuravam a polícia. "Plácido e tranquilo, ele busca a autoridade", observou o governador de São Paulo, em 1878. Muitos estavam convencidos de que a lei estava ao lado deles. Nascidos no Brasil, eles adquiriam um sentimento de cidadania. E quem se sente cidadão não consegue aceitar a escravidão.

OS ÚLTIMOS MOMENTOS

Nos anos 1860, os negros haviam começado a receber um apoio maior de membros influentes da sociedade. O poeta Castro Alves, mestiço baiano, foi um deles. No Rio de Janeiro, o jornalista negro José do Patrocínio era a principal voz contra a escravidão; na Bahia, o também negro e médico Luís Anselmo da Fonseca liderava campanhas.

Em 1867, o movimento abolicionista ganhara um aliado importante: o imperador D. Pedro II, que pretendia apressar o fim da escravidão. Àquela altura, os Estados Unidos tinham abolido o cativeiro (em 1865). Só Brasil, Cuba, Paraguai e Porto Rico ainda admitiam a propriedade de um homem sobre outro.

Os fazendeiros, que eram os grandes poderosos da época, resistiam. Isso fez o processo ser demorado, mas era inevitável. Em 1871, foi aprovada a Lei do Ventre Livre. Ninguém mais nasceria escravo no país. Os senhores teriam de cuidar dos filhos de negros escravizados até os oito anos.

Nos anos 1880, a campanha abolicionista ganhou fôlego. Luiz Gama, um negro nascido livre e vendido ilegalmente como escravizado pelo próprio pai e que se tornara poeta, jornalista e advogado, obtinha a liberdade de muitos cativos nos tribunais. Ele também criou a Caixa Emancipadora Luiz Gama, para obter recursos para a compra de alforrias. Antônio Bento, um **aristocrata** que tinha sido juiz, organizou uma rede chamada Caifazes. Os membros do grupo ajudavam os escravizados a fugir das fazendas do interior de São Paulo. Eles se juntavam no

> Membro da aristocracia, classe mais privilegiada das sociedades

Multidão se reúne diante do Paço Imperial para comemorar a abolição da escravatura

ANTONIO LUIZ FERREIRA/COLEÇÃO GILBERTO FERREZ/ACERVO INSTITUTO MOREIRA SALLES

quilombo de Jabaquara. Em 1887, cerca de 10 mil homens se dirigiram para lá. Em Campinas, em 1882, 120 negros escravizados da fazenda Cantagalo organizaram uma fuga em massa. Eles marcharam para a cidade aos gritos de "Viva a liberdade".

No Ceará, jangadeiros negros liderados pelos libertos Francisco José do Nascimento e José Napoleão se recusaram a embarcar escravizados no navio *Pará*, que ia para o Sudeste. A paralisação teve o apoio de uma multidão e tornou-se um grande movimento popular. Abolicionistas iam de casa em casa para pressionar os senhores a libertar seus cativos. Essa pressão levou a província a ser a primeira a abolir a escravidão, em 1884. O Ceará foi logo seguido pelo Amazonas.

Em 1888, as fugas em massa aumentaram rapidamente — na Bahia, no Paraná, no Rio de Janeiro, em São Paulo... Outros escravizados simplesmente passaram a se recusar a trabalhar nas plantações de cana e café até que seus senhores os libertassem. Os fazendeiros, vendo a abolição se aproximar, começaram a distribuir alforrias, na esperança de que os trabalhadores ficassem gratos a eles por seu gesto "generoso".

Ao chegarem ao 13 de maio, quando a Lei Áurea acaba de vez com a escravidão no Brasil, mais de 90% dos escravizados já tinham conquistado a liberdade. Isso não impediu que a festa popular tomasse conta do país inteiro. Era o fim de uma história de três séculos. E o início de outra.

O movimento negro se reorganizou no período final da Ditadura

CAPÍTULO III

Novas lutas

O negro conquistara a liberdade com sua luta. Ele agora se considerava um cidadão brasileiro. É claro que o acesso à terra para plantar ou às melhores oportunidades de emprego ainda estava longe de seu alcance. O imperador D. Pedro II tinha sido destituído do trono em 1889, um ano depois da assinatura da Lei Áurea. A República era o novo regime.

Os ex-escravizados buscavam seu lugar na sociedade. No Recôncavo Baiano, eles ocupavam terras de engenhos abandonados para plantar e criar animais, para desgosto dos fazendeiros, que queriam continuar contando com mão de obra barata. E muitos iam para as cidades, especialmente para a capital da República, o Rio de Janeiro. É nesse momento que as teorias racistas começam a ganhar mais espaço.

BRANQUEAMENTO

As teorias racistas, em voga na Europa e nos Estados Unidos no fim do século XIX e início do XX, tentavam demonstrar, de forma científica, que os negros eram inferiores aos brancos. Um dos maiores apóstolos dessa teoria, Arthur de Gobineau, ironicamente, tornou-se embaixador da França no Brasil, em 1869. Para ele, as raças podiam ser classificadas por hierarquia. Os arianos (brancos) estavam no ponto mais alto; os negros, no mais baixo. Já os mestiços nem classificação tinham. Para ele, a mestiçagem levaria ao fim da civilização. Um povo mestiçado — como o brasileiro — era, na visão de Gobineau, um povo **degenerado**.

Decadente; que perdeu as qualidades

Mobilização do movimento negro levou à aprovação de leis contra a discriminação

Gobineau considerou o posto no Brasil um castigo. Nas suas cartas, o teórico racista expressava seu desprezo pelo povo local. Reclamava por ter de lidar com o barão de Cotegipe, ministro dos Assuntos Estrangeiros e mestiço. Não poupava nem as damas de honra da imperatriz. "Criaturas repugnantes (...) uma marrom, outra chocolate-claro, e a terceira, violeta (...). Todas simplesmente hediondas." Para Gobineau, o Brasil só poderia aliviar o seu "movimento de destruição" trazendo mais elementos arianos para sua composição racial.

Havia argumentos supostamente científicos para as ideias racistas: formato do crânio, composição sanguínea. Tudo completamente descartado hoje em dia. A verdade é que eram apenas formas de dar alguma racionalidade a um sentimento muito antigo: o preconceito.

Contudo, a ideia de "branquear" a população brasileira ganhou adeptos. Em São Paulo, o legislador Bento de Paula Souza pediu a vinda de imigrantes europeus afirmando: "É preciso inocular em nossas veias sangue novo, porque o nosso já está aguado." Assim, o novo governo republicano realizou campanhas para atrair imigrantes — europeus, é claro.

Os imigrantes chegavam aos montes, enquanto os negros eram barrados. Com isso, em 1911, num tal Congresso Internacional das Raças, em Londres, o representante brasileiro comemorou. Ele disse que no início do século XXI não haveria mais negros no país e apenas uns poucos mestiços. Errou feio!

Bem longe dos racistas reunidos em Londres, os negros resistiam, se organizavam, criavam novas formas de convívio e expressões culturais prestes a florescer. Reivindicavam seu lugar de cidadãos da República que se construía e que eles ajudaram a construir.

DE CANUDOS A FAVELA

Em 1896, estourou a Guerra de Canudos. Foi um conflito trágico, que resultou na morte de cerca de 25 mil pessoas. O Exército brasileiro enviou soldados de todo o país ao interior da Bahia para combater sertanejos, a maior parte deles negros, muitos ex-escravizados.

O líder dos sertanejos era Antônio Conselheiro, um pregador religioso. Ele e seus seguidores chegaram a Canudos em 1893 e organizaram um estilo de vida comunitário que começou a atrair gente de toda a região. Logo, a Igreja e os fazendeiros se incomodaram com o arraial e seu líder e pediram a intervenção do Exército. Foram necessárias quatro expedições e muito sangue derramado para destruir Canudos. Os sertanejos resistiram por quase um ano, sob fome e com pouca água. No ataque final, segundo o relato de Euclides da Cunha em *Os Sertões*, havia 5 mil soldados contra quatro resistentes. Ao fim da guerra, 5 mil casas foram destruídas. Os sobreviventes do arraial foram degolados ali mesmo.

Alguns dos soldados que lutaram em Canudos foram levados para o Rio de Janeiro. Lá, eles esperavam receber os soldos prometidos pelo Ministério da Guerra, mas encontraram uma cidade que já tentava retirar os negros de sua região central. Os cortiços — grandes casas divididas em cubículos alugados — eram a forma de moradia da população pobre. O maior deles, o Cabeça de Porco, tinha sido destruído em 1893. No local, moravam cerca de 2 mil pessoas. A prefeitura chamou o local de "valhacouto de desordeiros". Muitos de seus moradores subiram o morro atrás do casarão, chamado Providência, e construíram casas improvisadas com o que tinham à mão. Os soldados de Canudos, quando chegaram ao Rio de Janeiro, "acamparam" nesse morro e deram a ele o nome de Favela, o mesmo de um monte que foi palco da guerra de Canudos.

Modelo em que o produto do trabalho é dividido entre o coletivo dos cidadãos

Pagamentos a soldados e outros militares

As associações criadas após a abolição lançam jornais para defender a causa negra

Revolta da Vacina: postura autoritária que atingia a população mais pobre gerou conflitos

Assim, o arraial de Canudos esteve na origem da favela, termo que depois passou a ser o nome de todas as comunidades compostas de habitações precárias no Brasil.

A REVOLTA DA VACINA

Os cortiços eram considerados insalubres pelas autoridades que queriam "civilizar" a capital da República. Eles derrubaram também dezenas de velhas ruas coloniais para abrir grandes avenidas. Os moradores dessas ruas, geralmente a população mais pobre, eram enviados para os subúrbios ou ocupavam as favelas. Na região portuária e na chamada Cidade Nova, no entanto, a população negra crescia, principalmente com a chegada de imigrantes baianos.

As autoridades queriam também combater as epidemias, como as de febre amarela e varíola. Para isso, em 1904, decretaram a vacinação obrigatória. O sanitarista Oswaldo Cruz criou as Brigadas Mata-Mosquitos, que invadiam as casas acompanhadas da polícia. Os agentes mandavam até derrubá-las, se achassem necessário.

A população se revoltou com a forma autoritária como a medida foi imposta. Muitos tinham medo dos efeitos da vacina, que diziam causar febres e até convulsões. Ainda havia a insatisfação com as reformas urbanas (600 cortiços já tinham sido derrubados, deixando 14 mil pessoas pobres sem teto). Tudo isso levou à explosão de uma revolta. Durante uma semana, barricadas foram erguidas nos bairros populares. No bairro da Saúde, o capoeirista Prata Preta (José Horácio da Silva, estivador) comandou várias batalhas contra o Exército até ser preso. Bondes foram virados por toda a cidade. A obrigatoriedade da vacina acabou sendo revogada. Estima-se que, ao longo da revolta, 30 pessoas tenham morrido. Mais de 1000 foram presas.

CHIBATA

Nos dias que se seguiram à Revolta da Vacina, a tortura foi largamente utilizada contra os líderes populares do levante. A Lei Áurea não tinha sido suficiente para mudar a forma como as autoridades lidavam com as classes populares, em especial com os negros. De certa forma, não mudou até hoje. Logo, seria necessário que mais um negro se levantasse para garantir seus direitos. O nome dele: João Cândido.

Em 21 de novembro de 1910, o marinheiro Marcelino Rodrigues tentou embarcar no navio *Minas Gerais*, na baía da Guanabara, com duas garrafas de cachaça. Flagrado, ele tentou resistir, mas foi preso e acorrentado. Marcelino recebeu uma pena severa: 250 chibatadas. Todos os marinheiros presenciaram, perfilados no convés, o castigo. Nem quando o negro baiano desmaiou, o encarregado interrompeu os golpes. O açoite fora proibido por lei em 1886, dois anos antes da Abolição, mas sobrevivia na Marinha brasileira.

açoite — Sinônimo de chicote

O fato fez com que os marinheiros, liderados por João Cândido, apressassem um motim que planejavam havia muitos meses. O gaúcho — um filho de escravizados que passaria à história como "O Almirante Negro" — e seus marinheiros tomaram quatro navios. Aprisionaram os oficiais e ameaçaram bombardear a capital da República caso suas reivindicações não fossem aceitas. Os canhões foram apontados para o Palácio do Catete, sede da Presidência. O que eles exigiam? O fim dos castigos físicos na Marinha, entre

O marinheiro João Cândido: líder da revolta contra os castigos físicos na Marinha

outras reivindicações. O governo concordou em discutir as exigências e o Congresso votou uma anistia para os revoltosos. Mesmo assim eles foram presos logo depois de entregar os navios.

Prejudicial à saúde

João Cândido foi para uma prisão insalubre na Ilha das Cobras, o que prejudicaria para sempre a sua saúde. Depois, ele seria excluído da Marinha e sobreviveria com a venda de peixes na Praça XV. Até o ano de 1969, quando morreu, receberia muitas homenagens por sua luta conta a tirania da chibata.

O MOVIMENTO NEGRO

Libertos do cativeiro e ansiosos por serem, de fato e de direito, cidadãos da República, os negros e negras brasileiros tiveram mais espaço para reforçar seus laços e lutar contra as desigualdades originadas do preconceito. Surgiu uma série de associações de ajuda mútua, recreativas ou culturais. Em São Paulo, entre 1907 e 1937, existiram 123 associações do tipo.

Também se desenvolveu uma imprensa alternativa negra. Em 1899, apareceu o jornal *A Pátria*, com o subtítulo "O órgão do homem de cor". Esses jornais mostravam as dificuldades enfrentadas pelos negros nos mais diversos campos, como o trabalho e a educação, e discutiam as possíveis soluções. Os jornais eram distribuídos em pontos como a praça João Mendes, em São Paulo, muito frequentada aos domingos, quando as associações promoviam bailes.

Em 1931, no início do governo Getúlio Vargas, surgiu a primeira entidade nacional de defesa dos afro-brasileiros: a Frente Negra Brasileira. O caráter da organização era fortemente político, defendendo sobretudo o trabalhador negro contra o "preconceito de cor". A Frente queria a proibição da imigração europeia, de forma a abrir mais oportunidades para os trabalhadores negros. O governo aprovaria, ainda em 1931, uma lei restringindo a contratação de estrangeiros na indústria.

Com forte participação feminina, a Frente começou em São Paulo e se espalhou pelo Brasil. Chegou a ter 20 mil membros. Em 1936, a organização, que pregava uma "segunda abolição", tornou-se partido político, mas, no ano seguinte, Getúlio instituiu o Estado Novo, regime que pôs os partidos na ilegalidade. Foi o fim da Frente Negra.

ABDIAS E O TEATRO NEGRO

Só com o fim do Estado Novo, o movimento negro retomaria alguma força. O grande impulsionador dessa fase foi o ator Abdias do Nascimento. Ele criou, em 1945, o Teatro Experimental do Negro e, em 1948, o jornal *Quilombo*, entre outras atividades.

Abdias do Nascimento: fundador do Teatro Experimental do Negro

A ideia de Abdias, também escritor, artista plástico e, mais tarde, deputado e senador, era juntar intelectuais negros e brancos na denúncia do racismo. Em sua trajetória, Abdias indicou o caminho da valorização da cultura negra, incluindo aí a música e as religiões de origem africana.

A primeira lei antirracista brasileira foi criada em 1951. E foi motivada por um problema com uma dançarina afro-americana. Khaterine Dunham foi barrada na porta do hotel Esplanada, em São Paulo. O hotel não aceitava negros. A Lei Afonso Arinos transformou o racismo em contravenção penal. Todavia, serviria para muito pouco. O movimento negro cresceu ao longo dos anos 1950 e 1960. Até o golpe de 1964 atingir todas as organizações da sociedade.

Um tipo de infração à lei menos grave do que um crime

ANOS 1970

No fim dos anos 1960, o mundo estava pegando fogo. O Brasil também. Nos Estados Unidos, os negros conquistavam direitos com o movimento pelos direitos civis liderados por Martin Luther King, enquanto James Brown cantava o orgulho de ser negro, com enorme sucesso. Na África, muitos países conquistavam a sua independência; enquanto, na África do Sul, a luta contra o *apartheid* ficava cada vez mais forte. Na Jamaica, surgia o reggae, com Bob Marley cantando as "canções de liberdade".

No Brasil, os jovens negros observavam essa movimentação e tentavam rearticular o movimento e afirmar o orgulho de sua negritude. Em São Paulo, surge o Centro de Cultura e Arte Negra (Cecan), em 1972; em Porto Alegre, o grupo Palmares (1974).

No fim da década (1978), as associações criaram o Movimento Negro Unificado, uma entidade nacional. Em 1988, já havia 343 grupos na luta contra o racismo em todo o país. Esses grupos tinham em comum uma forte afirmação da identidade negra. Um dos mais importantes foi fundado, nesse mesmo ano, pela ativista Lélia Gonzales, o Geledés, ainda em atividade e voltado, sobretudo, para a luta das mulheres negras.

LEI CAÓ E CENTENÁRIO DA ABOLIÇÃO

Uma das grandes vitórias do movimento negro após o fim da ditadura foi a valorização do 20 de Novembro, dia da morte de Zumbi. O 13 de Maio sempre foi celebrado

Manifestação em São Paulo: nos anos 1970, o Movimento Negro se reorganizou

como o dia em que os bondosos abolicionistas e a princesa Isabel, chamada "A Redentora", deram de presente a liberdade aos escravizados. A verdade é que não foi bem assim. O fim do cativeiro foi conquistado, sobretudo, pela luta de três séculos dos negros, e o guerreiro de Palmares é o maior símbolo dessa luta. Por isso, a luta pelo reconhecimento do 20 de Novembro como Dia Nacional da Consciência Negra (chamado muitas vezes de "Dia do Zumbi") foi um marco importante para a cidadania brasileira.

No início de 1989, foi aprovada a Lei Caó (de Carlos Alberto Oliveira, o deputado negro que a propôs). A lei especificou uma série de crimes de discriminação ou preconceito de raça, cor, etnia, religião ou procedência nacional. E indicou penas de até cinco anos e multas para quem os cometesse.

LEI 10.639

No Brasil, a herança da África está mais presente do que em qualquer país das Américas. No entanto, ainda está longe de ser valorizada como deveria, apesar dos esforços do movimento negro e de avanços importantes. A escola é um dos locais mais indicados para se mudar essa realidade. Por isso, a aprovação da Lei 10.639, em 2003, que tornou obrigatório o ensino da história e da cultura afro-brasileiras, é tão importante.

Ao determinar que os conteúdos sobre a herança africana sejam ministrados em todas as disciplinas, a lei reconhece a profundidade e a amplitude dessa herança. O conteúdo determinado pela legislação inclui "o estudo da História da África e dos africanos, a luta dos negros no Brasil, a cultura negra brasileira e o negro na formação da sociedade nacional, resgatando a contribuição do povo negro nas áreas social, econômica e política pertinentes à História do Brasil".

A lei dá instrumentos para que a identidade negra e a igualdade racial sejam afirmadas nas salas de aula, preparando um futuro de mais cidadania e orgulho da riqueza e diversidade únicas da população brasileira. Fazer a lei funcionar é um capítulo que está sendo escrito hoje, em cada escola do Brasil.

CAPÍTULO IV

A cultura africana

Mãe Menininha, ao centro, e filhas de santo do terreiro do Gantois, em Salvador, 1940

O antropólogo Câmara Cascudo dizia que a mais profunda representação de um povo é a sua religião. Por isso, vamos começar este capítulo falando das religiões africanas — ou melhor, afro-brasileiras. Isso porque, na África, não existem o candomblé ou a umbanda, as principais religiões de matriz africana do Brasil. No continente africano, ou, mais especificamente, no território iorubá, cada cidade cultuava uma divindade. Quando os diferentes povos se misturaram nos porões dos navios negreiros e depois nas senzalas, começaram a se formar novas religiões.

No entanto, certas bases se mantiveram. Por exemplo: a inexistência de um inferno e de um demônio. A vida e a morte, na visão iorubá, formam uma sucessão contínua. Nós morremos para depois voltar à vida, e assim por diante. Quando morremos, nós vamos para o Orun (mundo espiritual), sejamos pecadores ou santos. Nós retornamos ao Aiyê (a terra) o mais rápido possível. Só precisamos que sejam realizadas cerimônias para os ancestrais em nossa homenagem, provando que não fomos esquecidos.

Os deuses do candomblé são chamados orixás. Eles representam forças da natureza ou antepassados das antigas cidades africanas. Esses deuses se incorporam nos seus filhos. Cada indivíduo é filho de algum orixá. Só os sacerdotes (os babalorixás, também chamados "pais de santo") conhecem certos rituais. São esses rituais que fazem com que ele se comunique com os orixás. A comunicação mais conhecida são os búzios, nos quais os sacerdotes acreditam ver o futuro.

Os orixás

O mais antigo terreiro de candomblé do Brasil é o do Engenho Velho, em Salvador. Ele foi fundado por volta de 1830 por três africanas: Iya Detá, Iya Kalá e Iya Nassô. Depois dele, viriam o Opô Afonjá e o Gantois. Na África, os orixás eram centenas, mas, no Brasil, poucos continuaram a ser cultuados. Os principais são:

Oxalá — Considerado o criador do mundo e o soberano dos orixás, é o mais velho e respeitado. Sincretizado no Brasil com o Senhor do Bonfim.

Exu — Ele é o mensageiro que faz com que os homens se comuniquem com os outros orixás, por isso está sempre presente nas cerimônias. Representa a força do movimento e é o guardião de todas as casas. Os missionários que chegaram à África o confundiram com o diabo, e essa confusão, de certa forma, ainda persiste.

Nanã — É a guardiã ancestral dos homens e dos saberes, a dona da lama no fundo dos lagos. Dessa lama, o homem foi moldado.

Xangô — O poderoso rei que distribui justiça e comanda os trovões. Muito cultuado na África, onde teria governado a cidade de Oyo, sede de um vasto império. Também tem muitos devotos no Brasil.

Iansã — A senhora dos raios e esposa de Xangô dirige o vento e representa a sensualidade feminina. É ela quem se encarrega de dirigir os espíritos dos mortos para o outro mundo.

Iemanjá — Mãe dos deuses, dos homens e dos peixes, ela governa os mares e rege o equilíbrio emocional e a loucura dos homens.

Oxum — A senhora das águas doces rege o amor e a fertilidade. É a divindade da beleza e a dona do ouro.

Ogum — Um dos mais populares orixás do Brasil, Ogum é o senhor das guerras. No Sul/Sudeste, ele é **sincretizado** com São Jorge; na Bahia, com Santo Antônio. Orixá da metalurgia, que simboliza o avanço da tecnologia. Senhor dos caminhos, ele rege as oportunidades de realização pessoal.

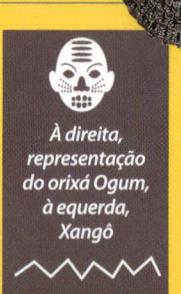

Oxóssi — Divindade das florestas e da caça, é o grande protetor dos alimentos.

Omolu — O médico dos pobres, divindade da transformação, da varíola e das doenças contagiosas.

> Sincretizar é juntar dois cultos religiosos em um. Nesse caso, o catolicismo e o candomblé

À direita, representação do orixá Ogum, à esquerda, Xangô

A capoeira preocupava a polícia no século XIX: possível arma de rebelião

Ê, capoeira...

A capoeira é uma arte brasileira, nascida da mistura de danças, rituais, instrumentos e lutas trazidas de diferentes locais da África. Aqui, isso tudo foi misturado, dando origem a uma arte de defesa dos negros.

Em meados do século XIX, a capoeira já estava estabelecida e incomodava as autoridades do Rio de Janeiro e de Salvador. Ela era praticada tanto por escravizados quanto por libertos. A habilidade desenvolvida pelos negros no uso da navalha tornava-os perigosos. E se eles se rebelassem? Muitos esforços foram feitos para reprimir as rodas de capoeira. Por outro lado, até militares e policiais praticavam a luta. Ainda mais depois que o exército forçou o alistamento de muitos capoeiristas durante a Guerra do Paraguai (1864-1870).

Nesse período, os capoeiristas se reuniam em "maltas", que tinham rixas umas com as outras. Políticos chegavam a contratar algumas dessas maltas para tumultuar eventos de seus adversários. Em 1890, a capoeira foi proibida, sob pena de prisão para quem a praticasse. E a perseguição ficou mais forte.

Apenas em 1930, com a criação da capoeira regional pelo mestre Bimba, em Salvador, a capoeira começou a ganhar respeito. Em 1936, o governador da Bahia, Juracy Magalhães, convidou o mestre e seus alunos para uma demonstração no palácio. O capoeirista chegou a temer que fosse uma armadilha da polícia, que já tinha tentado prendê-lo outras vezes, mas era uma roda mesmo. A capoeira estava conquistando prestígio como uma prática esportiva. E não parou mais de ganhar. Hoje, há escolas da luta espalhadas por todo o mundo. Além da regional, outro estilo de capoeira é o Angola, mais tradicional e que tem no também baiano mestre Pastinha o seu grande nome.

Instrumento cortante e dobrável, usado para fazer barba e para defesa

A Pequena África

O compositor Heitor dos Prazeres disse certa vez: "A Praça Onze era uma África em miniatura". Essa frase fez com que a região dessa praça do Rio de Janeiro ficasse conhecida como "Pequena África". Foi ali que nasceram gêneros musicais que se tornariam duas das mais importantes expressões da cultura brasileira: o samba e o choro.

A Pequena África ia do bairro da Saúde até a Praça Onze, então uma região de periferia da capital, e abrigava as camadas mais pobres. A população local cresceu com o afluxo de imigrantes vindos de Salvador, onde as condições econômicas e a perseguição policial dificultavam a vida dos negros, especialmente os forros. Com a decadência das lavouras cafeeiras no Vale do Paraíba, mais gente se mudou para o local. E esse movimento só se acentuou com o fim da escravidão, em 1888. O Rio de Janeiro passou de 522 mil habitantes, em 1890, para 811 mil, 15 anos depois, quando a República já tinha se instalado.

Os baianos levaram para o Rio de Janeiro suas referências culturais, como o candomblé, as irmandades religiosas e os grupos festivos. Na cidade em processo de transformação, tiveram um campo farto para desenvolver suas expressões.

Tia Ciata

A escravidão tinha destruído os laços familiares dos negros. Na Pequena África, eles formavam grandes grupos que se uniam de forma solidária. Isso acontecia nos locais de trabalho, como o porto, e nas festas. João da Baiana, carpinteiro que se tornaria um dos grandes sambistas de sua época, conta: "Nossas festas duravam dias (...) Eram de preto, mas brancos também iam lá se divertir. No samba, só entravam os bons do sapateado. Eu chegava em casa do serviço e dizia: 'Mãe, vou pra tia Ciata'. E a mãe já sabia que não tinha com que se preocupar."

A casa da Tia Ciata, na Praça Onze, era o centro desse movimento que florescia. Hilária Batista de Almeida, nascida em Salvador, ganhava a vida como "baiana", vendendo doces de tabuleiro pelas ruas do Rio de Janeiro. Ela vestia turbante, saia rodada e **pano da costa**. Era também a primeira filha de santo (Iya Kekerê) da casa do babalorixá (pai de santo) João Alabá. Filha de Oxum, ela sabia tudo sobre as oferendas dos santos (orixás). E era festeira. Em dias de celebração dos orixás, ela assistia à missa, depois realizava a cerimônia em casa e só então

A baiana Ciata: doceira, mãe de santo e agitadora cultural

Pano usado sobre os ombros, cuja origem é a costa ocidental africana

começava o pagode. O choro era tocado na sala e o samba, no quintal. Ciata preparava as comidas: xinxim de galinha, vatapá... Tudo transcorria em paz. Ninguém desrespeitaria uma filha de santo. Ainda mais casada com um funcionário público que chegou a trabalhar na polícia.

Quando chegava o Carnaval, o povo mais pobre da capital federal brincava em ranchos e cordões, parecidos com os blocos de hoje. O Rosa Branca e o Macaco É Outro, por exemplo, passavam diante da casa de Ciata. Depois, passariam as escolas de samba. Os primeiros ranchos tinham sido fundados por baianos como um tenente da Guarda Nacional. Era Hilário Jovino, um negro que também era ogã (conselheiro) da casa de João Alabá.

A harmonia na casa da Tia Ciata só se rompeu com a história do primeiro samba gravado, o *Pelo Telefone*, em 1916. A música foi registrada por Donga, frequentador da Praça Onze, e fez muito sucesso. Na verdade, era um improviso, com partes feitas por vários sambistas. Até a própria Tia Ciata disse que participou. As várias versões fizeram muito sucesso no Carnaval de 1917. Mas samba é assunto para o capítulo seguinte...

Pixinguinha é o pai da música popular brasileira

Pixinguinha

Em 1912, Alfredo da Rocha Vianna Filho começou sua carreira. Tinha 15 anos, era muito magro e levou para a vida artística o apelido de Pixinguinha, dado por sua avó africana (vem de pizindim, que significa "menino bom"). Em seus primeiros anos de atividade, tocando em choperias e cinemas, o flautista participou do nascimento do samba e da consolidação do choro. Tornou-se arranjador e maestro e deu a forma definitiva a esses dois gêneros. Por isso, ele é considerado o pai da música popular brasileira.

Olha o samba aí, gente!

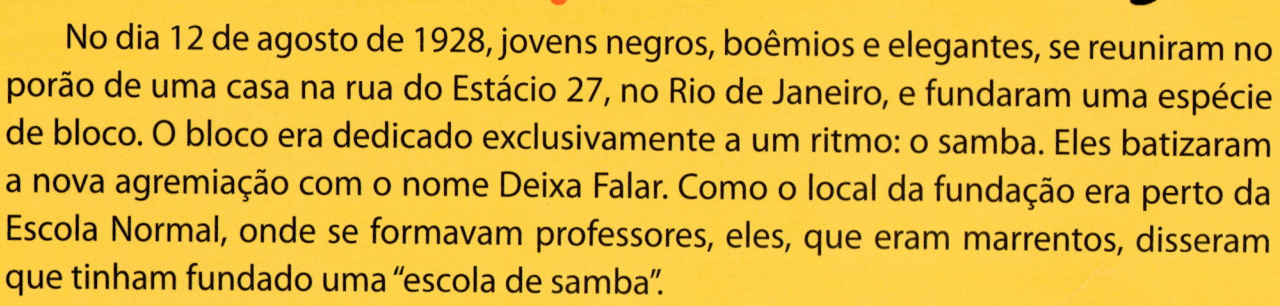

No dia 12 de agosto de 1928, jovens negros, boêmios e elegantes, se reuniram no porão de uma casa na rua do Estácio 27, no Rio de Janeiro, e fundaram uma espécie de bloco. O bloco era dedicado exclusivamente a um ritmo: o samba. Eles batizaram a nova agremiação com o nome Deixa Falar. Como o local da fundação era perto da Escola Normal, onde se formavam professores, eles, que eram marrentos, disseram que tinham fundado uma "escola de samba".

O samba já existia desde a gravação de Pelo telefone, sucesso no Carnaval de 1917. Todavia aquele grupo de jovens nascidos depois da abolição, muitos deles ligados à umbanda, fazia um ritmo mais quente, com muita percussão. Eles diziam que era um ritmo "melhor pra desfilar". A Deixa Falar fez desfiles memoráveis do Estácio à Praça Onze e inspirou a criação de outras escolas: a Mangueira, de moradores da favela do mesmo nome; a Portela, de Oswaldo Cruz, bairro surgido de uma antiga fazenda com muitos escravizados, e a Unidos da Tijuca, fundada por descendentes de escravizados do Vale do Paraíba.

As músicas dos bambas começaram a ser gravadas pelos cantores de sucesso da época, como Francisco Alves. Nos anos 1930, aconteceram os primeiros desfiles de escola de samba na Praça Onze. As escolas tinham uns 50 componentes e evoluíam cercadas por uma corda com lampiões pendurados que iluminavam o desfile. Hoje, cada escola tem cerca de 4 mil componentes. O samba, ritmo criado por negros, dominou o Rádio e se tornou o gênero mais importante da música popular brasileira. Até hoje, o gênero, com suas vertentes — o partido-alto, o pagode, a bossa nova —, mantém sua importância e está presente em todos os Estados do Brasil.

Clementina de Jesus, voz africana

Nascida no interior do Estado do Rio de Janeiro, filha de um capoeirista, Clementina cresceu ouvindo a mãe e o pai cantando pontos de capoeira e de macumba, cantos de trabalho, ladainhas, partidos-altos e jongos. Mudou-se com a família para o bairro de Oswaldo Cruz, no subúrbio do Rio de Janeiro, e começou a frequentar os blocos e rodas de samba. Foi empregada doméstica durante 20 anos até que, em 1964, aos 63 anos, foi descoberta por um produtor musical. Levada para cantar no teatro, iniciou uma carreira de sucesso. Sua voz de sabor africano lembrava canções de um passado distante e as experiências dos negros e negras brasileiros.

Geraldo Filme e o samba paulista

Geraldo Filme cresceu ouvindo os cantos de escravizados entoados pela avó. Nascido em São João da Boa Vista (SP), aos sete anos chegaria à capital. Começou cedo a entregar marmitas da pensão da mãe e, logo, estaria frequentando as rodas de samba, batucando em caixas de fósforos. Fez sua primeira música aos dez anos. A marca da cultura caipira, influenciada pela herança negra, sempre esteve nos sambas de Geraldo. As letras falavam da vida dos paulistanos mais pobres, sobretudo dos negros: o camelô que fugia do fiscal, o jogo do bicho, o sambista que recebe aplausos, mas não sabe ler... Geraldo só gravou o primeiro disco solo aos 52 anos. Mas já era um mito como compositor e organizador de várias escolas de samba, em especial a Vai-vai, do Bexiga, bairro sempre cantado por ele.

Cartola e a Mangueira

Quando Angenor de Oliveira foi morar no morro da Mangueira, o garoto começou a conviver com uma rica tradição de cultura negra. Os moradores da favela tinham vindo de Minas Gerais e do interior do Estado do Rio de Janeiro. Havia jongo, candomblé, ranchos carnavalescos, folia de reis... Ele logo começou a participar das batucadas e a frequentar o terreiro do morro. Trabalhou como pedreiro e pintor e, para proteger o cabelo da tinta, usava um chapéu de jornal, o que lhe valeu o apelido de Cartola. Foi um dos fundadores da escola de samba Estação Primeira de Mangueira e um dos maiores compositores de samba de todos os tempos, com sucessos como *As Rosas não Falam*. Só gravou o primeiro disco inteiramente seu com 65 anos, em 1974.

Paulo da Portela, o embaixador

Paulo Benjamin de Oliveira foi o sambista mais respeitado de sua época. Ele era o líder dos foliões de Oswaldo Cruz desde os anos 1920. Fundou o bloco Baianinhas, em 1922. Desse grupo, nasceria a Vai como Pode, escola campeã do desfile de 1935, mesmo ano em que mudou de nome para Portela, a maior campeã do Carnaval do Rio de Janeiro. Paulo, que era lustrador de móveis, foi o maior lutador pela aceitação do samba por todas as camadas sociais. Para isso, ele cobrava um certo tipo de postura dos sambistas: "pés e pescoços ocupados", dizia – ou seja, com gravata em vez de lenço e sapatos em vez de chinelos. Paulo visitava rádios e jornais para divulgar o samba, num tempo em que manifestações populares, sobretudo de origem negra, eram vistas com desprezo e preconceito.

O caboclo de lança é um personagem característico do maracatu rural

Congadas e maracatus

A religiosidade popular criou uma série de festas em que a herança africana se revela. As congadas são um exemplo disso. São festas realizadas em cidades do interior de estados como Minas Gerais e São Paulo. É uma espécie de cortejo, com cantos e tambores, seguido pela coroação do rei e da rainha do Congo – ou, às vezes, rainha Jinga (nome de uma soberana verdadeira, da Angola do século XVII, que resistiu com todas as energias ao domínio português).

Essas celebrações vêm do século XVIII. Estão ligadas à tradição das irmandades católicas formadas por negros em homenagem a santos como Nossa Senhora do Rosário e São Benedito. Por meio do culto aos santos católicos, os negros e negras recriaram as festas dedicadas aos seus governantes na África. Assim, celebram ao mesmo tempo a sua tradição e a sua adaptação a um novo mundo.

Os maracatus também surgiram, em Pernambuco, nas cerimônias de coroação dos reis do Congo, mas se ligaram mais às religiões africanas. O maracatu nação forma um cortejo, com rei e rainha e também com caboclos, que representam os índios. Os maracatus evoluem no carnaval ao som dos tambores. Já o maracatu rural é uma junção de várias outras manifestações tradicionais da cultura popular de origem negra e indígena, como o reisado, o bumba meu boi e os caboclinhos. Nesse grupo, destaca-se a figura do caboclo de lança. Ele dança com fantasias ricas e espalhafatosas e portando uma lança.

Black Power

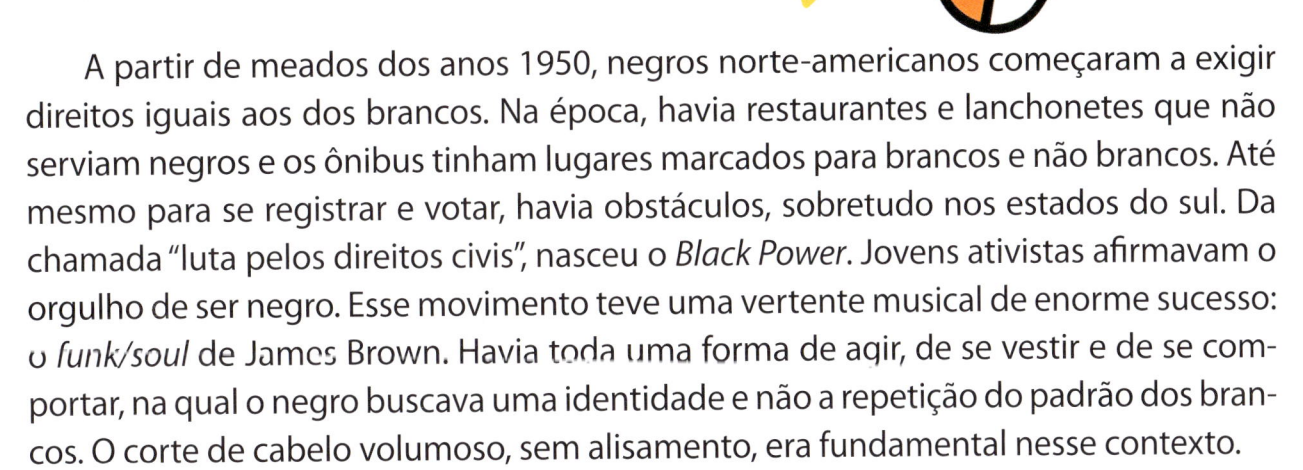

A partir de meados dos anos 1950, negros norte-americanos começaram a exigir direitos iguais aos dos brancos. Na época, havia restaurantes e lanchonetes que não serviam negros e os ônibus tinham lugares marcados para brancos e não brancos. Até mesmo para se registrar e votar, havia obstáculos, sobretudo nos estados do sul. Da chamada "luta pelos direitos civis", nasceu o *Black Power*. Jovens ativistas afirmavam o orgulho de ser negro. Esse movimento teve uma vertente musical de enorme sucesso: o *funk/soul* de James Brown. Havia toda uma forma de agir, de se vestir e de se comportar, na qual o negro buscava uma identidade e não a repetição do padrão dos brancos. O corte de cabelo volumoso, sem alisamento, era fundamental nesse contexto.

Esse movimento ecoou com força em São Paulo, em festas como a Chic Show. Na periferia do Rio de Janeiro, os DJs começaram a tocar sucessos de James Brown. Artistas locais, como Toni Tornado, Tim Maia, Gerson King Combo, Cassiano e a banda Black Rio fizeram músicas no estilo chamado de *black*, com grande sucesso, sempre afirmando que *black is beautiful* (negro é lindo) e exaltando a união entre os negros ("*soul brothers*", irmãos de alma). Os bailes atraíam um público que chegava a 1 milhão de jovens por fim de semana. A turma que frequentava e organizava esses bailes teria participação expressiva em todas as lutas do movimento negro desde então.

JORGE ARAÚJO/FOLHAPRESS

Bailarino de funk dança em festa da Chic Show no Estádio Palestra Itália, em São Paulo

Visual afro, batidas fortes e orgulho negro: marcas do Olodum

Axé: o samba-reggae

Em Salvador, os jovens negros ligados à música adotaram em meados dos anos 1970 novos ídolos. Bob Marley era o maior deles, mas havia também Jimmy Cliff e Peter Tosh, todos jamaicanos, todos astros do reggae. Com a música, vinham uma mensagem de luta contra o imperialismo norte-americano e uma forte ligação com a África. Os penteados com **dreadlocks**, assim como as batas coloridas, começaram a fazer parte do vestuário desses jovens.

As tranças no estilo rastafári

O Carnaval de Salvador contava com afoxés e outros blocos de estilo afro, mas o ano de 1974 viu nascer o primeiro dos blocos que mudariam a história do Carnaval da Bahia: o Ilê Aiyê. Com grandes tambores soando forte, os integrantes do bloco cantavam com força o orgulho de ser negro: "*Branco, se você soubesse o valor que o preto tem, tu tomava banho de piche, ficava preto também*", dizia a música com que desfilaram. A partir do Ilê, surgiram nos bairros populares de Salvador outros blocos ligados à temática africana e à valorização do negro. Nas batidas dos tambores, o samba, os ritmos baianos e o reggae se misturavam.

Entre esses blocos estavam o Muzenza, o Malê Debalê e o Cortejo Afro. O Filhos de Gandhy, agremiação de estivadores nascida nos anos 1940 e que desfila ao som do ritmo ijexá, cresceu enormemente. O mais bem-sucedido de todos os blocos, no entanto, foi o Olodum. A batida deste bloco foi ouvida em músicas de astros como Paul Simon e Michael Jackson. A instituição manteve ao longo do tempo cursos de percussão e Teatro, entre outras iniciativas importantes para a cultura negra de Salvador.

O rap batendo a real

No final dos anos 1960, caras como Kool Herc e Afrika Bambaataa começaram a promover festas na periferia de Nova York com os chamados sistemas de som. Eram grandes alto-falantes colocados geralmente em ruas e praças, comandados por *disc jockeys* (*DJs*). Depois, começaram a improvisar falas sobre as batidas de música negra que usavam. Estava nascendo o rap (de *rythm and poetry*, ou seja, ritmo e poesia, em inglês).

Os versos dos *DJs* falavam sobre o dia a dia das ruas. E esse dia a dia era geralmente violento nos guetos negros das cidades americanas. Temas como injustiças sociais e violência policial estavam sempre presentes. O novo som começou a ser acompanhado de uma dança, batizada de *break*, e da prática da pichação. As pichações depois evoluiriam para uma forma bem mais artística e interessante: o grafite. Essas manifestações formaram a cultura hip-hop. No fim dos anos 1970, essa cultura se espalhou para o mundo todo.

No Brasil, o funk carioca, baseado na batida do Miami Bass, mais festeira que o rap nova-iorquino, chegou antes do rap. No fim dos anos 1980, porém, as duas vertentes musicais faziam sucesso entre os jovens das periferias e comunidades, cada um na sua cidade.

O rap paulista tinha, nos anos 1990, um tom de afirmação de identidade negra e de luta contra a discriminação bem mais marcado do que o funk carioca. Não que o funk seja alienado, pelo contrário, mas as letras mais fortes e diretas vinham de São Paulo, especialmente dos Racionais MC's.

Os Racionais MC's começaram em 1988, no bairro do Capão Redondo, em São Paulo. As letras do grupo contêm fortes críticas à exclusão das periferias e ao preconceito racial. O grupo de Mano Brown faz um enorme sucesso, apesar de aparecer pouco na TV — que eles consideram alienante. Artistas como MV Bill e, mais recentemente, Criolo seguem na mesma linha, cada um com seu discurso e com sua maneira própria de protestar.

Racionais MC´s: denúncia do racismo e retratos da violência na periferia

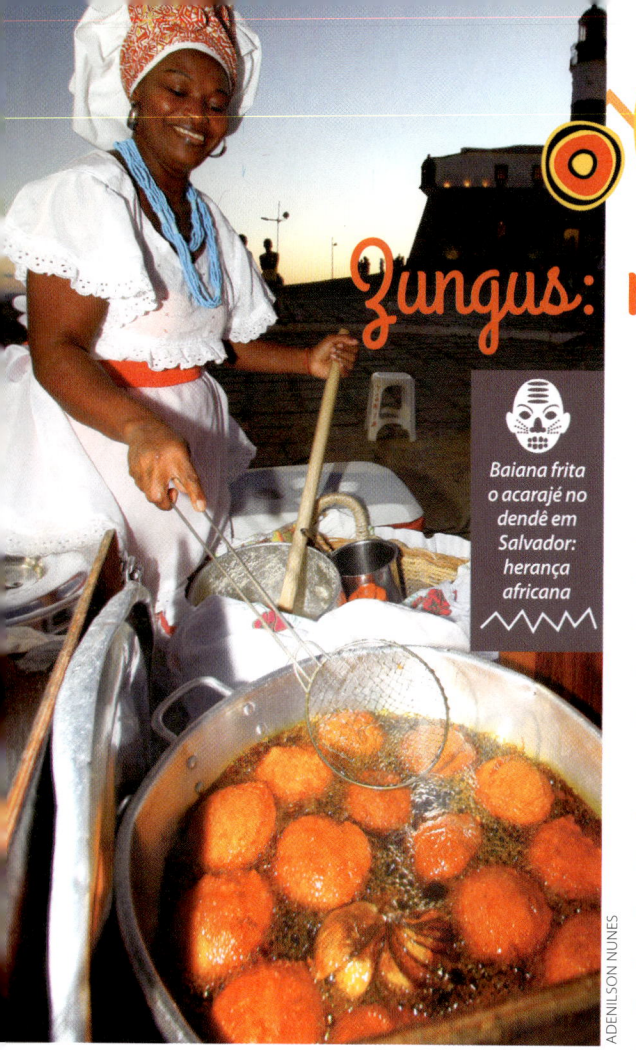

Zungus: nosso paladar africano

Baiana frita o acarajé no dendê em Salvador: herança africana

Nas senzalas, a alimentação, bem deficiente, geralmente era composta de farinha de mandioca ou de milho, carne-seca ou peixe seco, feijão e rapadura. Já na casa-grande, as cozinheiras africanas tinham de aprender a lidar com ingredientes diferentes daqueles do outro lado do continente. Embora também usassem alimentos que tinham vindo da África.

Dizem que a feijoada foi inventada pelos escravizados, que teriam aproveitado as partes menos nobres do porco para criar o prato que é símbolo do Brasil. Só que não é verdade. A feijoada é uma síntese do Brasil: a origem é um prato português (o cozido de feijões), o ingrediente principal, o feijão-preto, é americano mesmo, e, sim, a arte culinária na criação do prato foi africana.

A marca da culinária africana no Brasil é mais fácil de ser vista nas comidas baianas. O dendê que dá sabor às moquecas é de origem africana. Já o coco, indiano, chegou por aqui vindo da África. O quiabo, que faz o famoso caruru, também veio de lá, assim como o inhame.

Há outra influência da culinária africana: a dos preparos. Eram as mulheres negras que no período colonial cozinhavam os mais diversos pratos, dando o seu toque — e a marca é o tempero forte — ao que se comia nas casas e nas ruas. Luís dos Santos Vilhena, professor de grego na Bahia no fim do século XVIII, escreveu: "Das casas mais opulentas desta cidade (...), saem oito, dez e mais negros a vender pelas ruas, a pregão, as coisas mais insignificantes e vis: como sejam, mocotós (...), carurus, vatapás, mingaus, pamonhas, canjicas (...), acassás, acarajés, abarás, arroz de coco, feijão de coco, angus..."

O angu ocupou um lugar especial nessa história. Esse prato era vendido, no início do século XIX, em pontos fixos, como a praia do Peixe, no Rio, por negras que preparavam grandes caldeirões da iguaria. Depois, ele poderia ser misturado com guisados de carne de boi ou camarão. O ponto era local de encontro e diversão de escravizados e libertos, que ali organizavam batucadas e brincadeiras, quando lhes era permitido. Eram os zungus. Assim, a mão negra ia dando forma à cozinha brasileira.

Machado de Assis

Machado de Assis: o escritor é um dos mais importantes da língua portuguesa

Letras negras

Os escritores brasileiros, por muito tempo, criaram personagens negros que reforçavam uma ideia nociva: a de que o negro é incapaz de falar por si mesmo. Isso foi mudando à medida que o negro assumia a própria identidade e fazia sua voz ser ouvida. Surgiram, então, as vozes negras na literatura. Por outro lado, alguns dos nossos maiores escritores são descendentes de africanos, a começar pelo maior deles, Machado de Assis.

Conceição Evaristo

Lima Barreto

Carolina Maria de Jesus

Nei Lopes

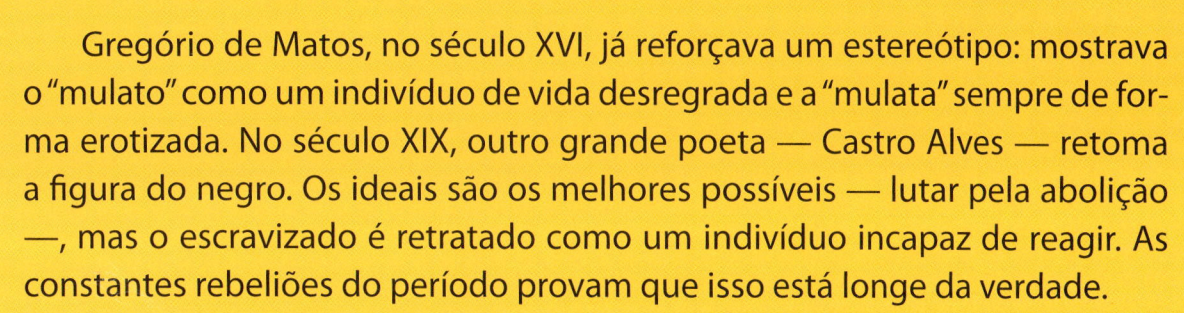

Gregório de Matos, no século XVI, já reforçava um estereótipo: mostrava o "mulato" como um indivíduo de vida desregrada e a "mulata" sempre de forma erotizada. No século XIX, outro grande poeta — Castro Alves — retoma a figura do negro. Os ideais são os melhores possíveis — lutar pela abolição —, mas o escravizado é retratado como um indivíduo incapaz de reagir. As constantes rebeliões do período provam que isso está longe da verdade.

Aluísio Azevedo, com O mulato, e Bernardo Guimarães, com Escrava Isaura, mostraram escravizados de sentimentos nobres, melhores que o conjunto geral dos escravizados. A luta para se livrar individualmente de sua condição servil é a tônica. Os autores dão olhos verdes ao "mulato" e pele branca para Isaura, num esforço de branqueamento dos personagens.

Na obra de Jorge Amado, o negro começa a aparecer em uma posição mais ativa e até mesmo de liderança, como em Jubiabá e Tenda dos milagres, mas ainda persistem alguns estereótipos. Apenas nos anos 1960 aparecem negros e negras com uma identidade mais **contemporânea**, como o herói de O forte, de Adonias Filho, um preto-velho cheio de memórias.

Característica do que é do tempo presente, atual

Alguns negros ocupam lugar de destaque na história da literatura brasileira. Machado de Assis, nascido no morro do Livramento, no Rio de Janeiro, é um deles.

O poeta Cruz e Souza, por sua vez, maior nome do simbolismo brasileiro, deixou vários poemas dedicados à causa abolicionista. Lima Barreto, outro de nossos gênios, denunciou o preconceito em obras como Clara dos Anjos, a história de uma mestiça perseguida por sua cor.

Carolina Maria de Jesus também deve ser lembrada. A escritora nascida numa comunidade rural mineira e moradora de uma favela de São Paulo descreveu sua rotina em Quarto de despejo, com enorme sucesso. Mais recentemente, temos Joel Rufino dos Santos, Nei Lopes, Conceição Evaristo, entre muitos outros, que estão escrevendo uma nova história para a literatura negra no Brasil.

A beleza negra

A beleza negra, em oposição à palidez europeia, fez parte do imaginário brasileiro desde cedo. Não era raro o caso de escravizadas escolhidas para o trabalho doméstico por suas belas figuras, o que transparece o caráter perverso dessa escolha, marca indissociável do sistema escravocrata.

Havia, no entanto, o olhar do negro sobre o negro. No século XIX, os turbantes e os panos da costa eram peças sempre usadas pelas africanas e afrodescendentes que percorriam as ruas das cidades. Os adereços enfeitavam, mas também eram um sinal de status ou marca de etnia. Os penteados e marcas no corpo também diferenciavam cada indivíduo, num mundo em que diversas nações se viram misturadas.

Algumas décadas após a abolição, em um esforço para valorizar a beleza da mulher afrodescendente, jornais voltados para os negros lançaram concursos de beleza para as "senhorinhas" das famílias "da classe". As fotos das finalistas mostram um gosto pelos cabelos alisados e posturas mais angelicais. Nessas imagens se revelava um esforço para que o negro, ao tornar-se parecido com um suposto padrão das senhorinhas brancas, se integrasse mais facilmente.

Esses concursos evoluíram até que, nos anos 1960, o clube Renascença, do Rio de Janeiro, começasse a enviar as suas misses negras para disputas com misses de outros clubes. Em 1964, Vera Lúcia Couto faz história ao ser coroada Miss Guanabara e chegar em segundo no Miss Brasil.

Hoje, a mulher negra, como também o homem negro, passam a usar, se assim desejam e se veem reconhecidos nesses usos, roupas estampadas que lembram a sua ancestralidade, cabelos que ganham formas de tranças, *dreadlocks* ou *black power* e acessórios que marcam sua identidade, como os turbantes.

Os afrodescendentes, assim, ao desconstruir estereótipos, afirmam uma imagem negra pelo caminho da reciclagem — ou seja, atualização e preparação para o uso — de elementos suficientemente poderosos para sobreviver em nossas memórias. Essas memórias, heranças da África e construtoras da nossa identidade, a cada dia enriquecem o Brasil.

Jovem negra no Pelourinho, em Salvador (BA)

Bibliografia

ALBUQUERQUE, Wlamyra e FRAGA Fº, Walter. *Uma história do negro no Brasil*. Salvador: Centro de Estudos Afro-Orientais; Brasília: Fundação Cultural Palmares, 2006

ALBUQUERQUE, Wlamyra. *Os caminhos da liberdade*, Rio de Janeiro: Revista História Viva, Ed. 127, abril de 2014

ANDREWS, George Reid. *América Afro-latina*, 1800-2000. São Carlos: EdUFSCar, 2014

BRAGA, Amanda. *História da beleza negra no Brasil: discursos, corpos e práticas*. São Carlos: EdUFSCar, 2015

CABRAL, Sérgio. *Escolas de samba do Rio de Janeiro*. São Paulo: Lazuli, 2011

CARVALHO, Lilian. *Estatuto da Igualdade Racial: longo processo para a sociedade mais justa*. Revista Espaço Acadêmico, Ed. 179, abril de 2016. Em http://www.periodicos.uem.br/ojs/index.php/EspacoAcademico/article/view/24740

CASTRO, Maurício Barros, e VILHENA, Bernardo. *Estácio: vidas e obras*. Rio de Janeiro: Azougue, 2013

COSTA, Emília Viotti. *Da senzala à colônia*. 4ª edição. São Paulo: Fundação Editora da Unesp, 1998

Dicionário Houaiss Ilustrado da Música Popular Brasileira. Rio de Janeiro: Paracatu, 2006

FERREIRA JR., Amarílio; BITTAR, Marisa. *O padre Antônio Vieira e a pedagogia da escravidão*. ANPUH – XXII Simpósio Nacional de História, João Pessoa, 2003

GASPARETTO JR., Antonio. *Imperialismo na África*. Infoescola, em http://www.infoescola.com/historia/imperialismo-na-africa. Acesso em 02/04/2016

GOMES, Adriana. *A Miscigenação do Brasil sob o olhar de Gobineau*. História e-história. Em http://www.historiaehistoria.com.br/materia.cfm?tb=professores&id=162. Acessado em 31/03/2016

GUEDES, Elocir; NUNES, Pâmela e ANDRADE, Tatiane. O uso da lei 10.639 em sala de aula, Porto Alegre, Revista Latino-Americana de História, Vol. II, nº 6, agosto de 2013

GURGEL, Argemiro Eloy. *Uma lei para inglês ver: a trajetória da lei de 7 de novembro de 1831*. Tribunal de Justiça do RS. Em https://www.tjrs.jus.br/export/poder_judiciario/historia/memorial_do_poder_judiciario/memorial_judiciario_gaucho/revista_justica_e_historia/issn_1677-065x/v6n12/Microsoft_Word_-_ARTIGO_UMA_LEI_PARA_INGLxS_VER...._Argemiro_gurgel.pdf. Acessado em 02/04/2016

HERNANDEZ, Leila Leite. *A África em Sala de Aula. Visita à História Contemporânea*. São Paulo: Selo Negro, 2005

MOURA, Roberto. *A Pequena África do Rio de Janeiro*. Rio de Janeiro: Funarte, Instituto Nacional de Música, Divisão de Música Popular, 1983

PRANDI, Reginaldo. *Mitologia dos orixás*. São Paulo: Cia. das Letras, 2001

REIS, João José. *Rebelião escrava no Brasil: a história do levante dos malês em 1835*. São Paulo: Cia. das Letras, 2003

SANTOS, Vilson Pereira. *Técnicas da tortura: punições e castigo no Brasil escravista*. Revista Enciclopédia Biosfera – Centro Científico Conhecer. Em http://www.conhecer.org.br/enciclop/2013a/humanas/Tecnicas%20da%20Tortura.pdf

SILVA, Alberto da Costa e. *A enxada e a lança: a África antes dos portugueses* - 3ª edição revista e ampliada. Rio de Janeiro: Nova Fronteira, 2006

SILVÉRIO, Valter Roberto. *Síntese de coleção História Geral da África*, vols. I e II. Brasília: Unesco, MEC, UFSCar, 2012

SOUZA, Mônica Lima. *Por que conhecer a história da África?*, Rio de Janeiro: Revista História Viva, Ed. 123, janeiro de 2014

O QUE VOCÊ SABE SOBRE A ÁFRICA?

Comitê Executivo *Ediouro Publicações Ltda.*
Jorge Carneiro e Rogério Ventura
Coordenação Editorial
Daniel Stycer
Texto e Edição
Dirley Fernandes
Design
Sidney Ferreira
Pesquisa iconográfica
Paloma Brito
Revisão
Ricardo Jensen de Oliveira, Dalva Corrêa, Maria Flavia dos Reis, Marta Cataldo
Revisão técnica
José Rivair Macedo

Esta obra tem por base principal
a *Síntese da coleção História Geral da África, vols. I e II*.
Brasília: Unesco, MEC, UFSCar, 2012. Organização de SILVÉRIO, Valter Roberto.

Todos os direitos reservados. Nenhuma parte desta obra pode ser reproduzida ou transmitida por qualquer forma e/ou quaisquer meios (eletrônico ou mecânico, incluindo fotocópia e gravação) ou arquivada em qualquer sistema ou banco de dados sem autorização dos detentores dos direitos autorais.

Editora Nova Fronteira Participações S/A.
Rua Nova Jerusalém, 345
CEP: 21042-235
Rio de Janeiro – RJ
Tel. (21) 3992-8200
www.ediouro.com.br
www.historiaviva.com.br
facebook.com.br/historiaviva

CIP-BRASIL. CATALOGAÇÃO NA PUBLICAÇÃO
SINDICATO NACIONAL DOS EDITORES DE LIVROS, RJ

F399q

    Fernandes, Dirley
    O que você sabe sobre a África : Uma viagem pela história do continente e dos afro-brasileiros / Dirley Fernandes. - 1. ed. - Rio de Janeiro: Nova Fronteira, 2016.
        il.

    Apêndice
    ISBN 9788520926826

    1. Africanos - Brasil - História. 2. África - Civilização. 3. Brasil - Civilização - Influências africanas. I. Título.

16-32709	CDD: 960
	CDU: 94(6)

02/05/2016   02/05/2016

FERNANDO FRAZÃO/AGÊNCIA BRASIL

Celebração do Dia da Consciência Negra, diante do monumento a Zumbi dos Palmares, no Rio de Janeiro

EDITORA NOVA FRONTEIRA

9788520926826